考える方法

## はじめに

「もっとちゃんと考えなさい」「よく考えて選びなさい」といった言葉を、親や先生などから頻繁に浴びせられてきた。どうすれば「ちゃんと考えられる」のか。「よく考えられる」のか。具体的に示されず、いくら叱られても、激励されても埒があかない。

考える力は簡単に伸びそうもない。大部分の大人にとって、自然と考える技術が身についたといえるひとがどれほどいるだろう。

義務教育では、算数や国語などの科目を通して考える訓練を受けてきたはずだが、考えること自体を直接取り上げ、「正しい考え方」、「能率のいい考え方」などの技法を学んだとはいえない。

例えば、この本で紹介する頭脳地図が上手にかけるようになると、講演や授業、会議の聞き方が大きく変わるはずだ。後で見返した時に直ちに意味が分るメモが書ける。聞きながら同時にまとめていけるので、理解も増す。ぼくの講義の受講生の反応をみても、「こういうやり方をもっと早く教えてほしかった」と大半がくやしがる。

考えるというのはひとつの技術である。

生まれながらにして天才的な頭脳を与えられた者には、こんな技術は不要である。しかし、著者も含めて、大多数の凡庸な頭脳の持ち主にとって、技術の修得は有益である。頭の悪さを嘆いても何も改善しない。実用の技術を自分のものにし、よりよく対処する方策を探ることによって生活の質は向上するのである。

もちろん、生きていく上で生じてくるすべての問題を、考える力だけで解消することはできない。思考の限界をしっかり理解することも重要である。

実の所、著者の最大関心事は、思考の限界を示し、それ以上に重要な認識の力、理性の働きが潜在している事実を明らかにすることなのである。その点では、残念ながら実用を尊重した本書ではあまり深入りできなかったが、その一端には触れたつもりなので、一部の読者に予感だけでも賞味いただければ幸いである。

森　本　　武

# 目　　次

はじめに
目次　4

## 第1章　解決への思考
何について考えるか　6
悩む　10
真実　14
関係を考える　19
短期的解決と長期的解決　25
キー・ワードの利用　29
情報との付き合い方　33
思想の選択　40
信じる　44

## 第2章　創造のための思考
関心・好奇心　48
創造の条件　52
創造の始動　57
すでに知っていることを思い出す　58
「アイデア」とは　59
アイデアを出す方法　61
思いつきを記録する　63
創造的解決　65
「やわらかい頭」をつくる　67
頭脳地図　69
頭脳地図で「考え」をまとめる　72
でたらめ度　74
カード式創造ゲーム　78
創造のためのキー・ワード　81
チャート触発法　85
「コンセプト」をつくる　87
役割意識　89
フロー・チャート　92
目的設定　95
見通し　99
創造性とはなにか　102
創造とタブー　106

## 第3章　思考のない思考
思考とは何か　114
頭脳の限界　120
デカルトの思考　125
内なる対話　127
他者との対話　129
意識の集中　134
数息観　137
幻想と瞑想　139
生きることと瞑想　145

あとがき

第1章

# 解決への思考

## 何について考えるか

　気持ちよく散歩していたら、突然、ある家の庭先から犬が飛び出してきて、ガブリと手を噛まれた。噛んだのは犬だから、まずは犬に怒りを覚えるのだが、やがて、飼い主に腹が立ってくる。猛犬を鎖でつなぐという管理責任を果たしていない人間に、である。
　小さなこどもなら、この犬に直接仕返しをしようと、棒切れでも握って殴りかかるかもしれない。
　おとななら、飼い主にケガを見せて治療費と慰謝料を求めるだろう。

　問題をうんだ直接の原因は犬である。しかし、おとなの頭では、責任の在り処は犬の背後にいる飼い主という人間である。
　ケガの責任を求めるという思考をするとき、ぼくたちは社会の責任構造をおもいおこす。犬をいくら責めても埒があかない、と理解している。

　考える対象をまちがうと問題の解決にならない。どういう解決を求めるか、によって、何を問題にするかが違ってくる。
　犬を恨んでいるという心理的不満を解消するのなら、犬を殺すしかない。治療費をきっちり取り戻したいのなら、飼い主に訴えていくべきである。狂犬病が心配なら、責任問題は置いておいて、病院に急行すべきだ。

　お金がない。困った、という場合でも、現金で返済をせまられているのなら仕方がないが、お金そのものが問題なのではなく、そのお金で買いたいモノが問題である場合もあるだろう。貰うなり、拾うなりして入手できるものなら、お金ぬきで問題は解決する。個人や組織（役所・企業）に請求したり、懇願すれば与えられるものもあるだろう。

　考える対象を的確に定めることが重要である。
　私は、いま、何について考えなければならないのか。
　考えても成果のえられない対象について、考えていないだろうか。

問題発生！

見かけ上の、あるいは建て前上の原因や問題点を、注意深く検討してみることから始めよう。

困ってはいるんだけれど、実は、なにも改めて考える必要がない、と気づくこともある。実際、考える必要がないことは多いものだ。放置しておくだけで十分な問題、というのは、問題と認識する必要さえないのだ。

そこで、「考える方法」のもっとも重要な法則は、
**「考える必要のないこと、考えても意味のないことは考えない」**
である。

具体例を通して、「考える必要のないこと」を考えてみよう。
不測の事態が起こったらどうすればいいのか？
雨になったら、電車が止まったら、ゲストが来れなくなったら、お金を盗まれたら、・・・。

どれひとつとして、起こっても不思議のないことである。起こり得る事態である。そのひとつひとつについては、対策がとれないわけでもない。しかし、おもいつく限りの可能性に万全に備えるという生き方は、あまりにも過酷である。備えのために命がはげしく消耗する。

なるようになる。そう結論付けるのが早いひとほど、予想される対策におわれる量が減るのは確かだ。問題が生じたら、その時に対処のしかたを考える、と腹がすわれば、それでいい。

実際、問題が起こったときには、その問題は現存しているから、何をどうするという具体的検討ができるが、予想した問題では実質がないので不安にかられた空虚な考えしか出てこない。考えること自体が無駄なのだ。

自分では考えたくなくても、状況がそれを許さない、という場合もある。例えば、学生の立場で、「・・・について考え、あなたの論点を明確に述べなさい」などと、強要に近いかたちで考えを求められることもある。

自分は求めなくても、だれかが自分に求めてくるというのが世の中である。
　求められても、考えがすすまず、何も浮かんでこないもんだから黙っていると、バカなことは口にしないオトナなんだ、と良いように誤解されることもある。

　考えるという行為を技術としてとらえれば、こころの奥深い問題に触れずに、「うまく考える」テクニックを学ぶ気になるだろう。
　指導教官に提出する論文やレポートの例だと、「よく考えているなあ」という印象を相手に与えればいい。ほとんどそれだけが目的といっていい。
　それには、評価する側の人間が持っている知識をできるだけ多くもっている方がいい。同じ知識をもっているようだ、という手ごたえは、「この分野の勉強をよくしている」というプラス評価につながるからだ。
　「知識の共有」に満足を覚えるのが知識人である。採点する立場にいる人間の大部分は、この意味での知識人であろう。だから、この種の書き物の成功のコツは、採点者のもつ知識をどれだけ自分のものに出来るかが課題になる。「ユニークな論点」を発見するなどという試みは、実力のあるひとだけにゆるされる。下手なレポートで、あまりにユニークだと、「とんちんかん」とか「おそろしく独りよがり」と評価を下されかねない。

　こういう先生と生徒の関係を広げて、世間一般についてはどうか。
　考える状況は様々でも、ほぼ似たようなことがいえるとおもう。
　分りやすい本は、売れやすい。読者は、「分る、分る」という感覚をもって読めれば、満足する。自分の分る範囲内に真実がある、とおもいたいのだ。
　しかし、真実はそういうものだろうか。知識人に真実を期待できないのは自分が考えやすいものだけを、確かで信用できるものとみる人種だからだ。真実は、必ずしも自分の都合に合わない。だれの都合にも、便宜にも、安心にも合わせてこない。ただそうなのだ、ということなのだ。

# 悩む

　どうすればいいのかわからなくなってしまった。
　いっぱい考えが浮かんできて、どの考えが一番、この場合、自分にとっていい結果をもたらす考えなのか、決められない。
　ひとつのことについて考えがあふれ出てきて、あたかも頭皮がふくれあがりそうなくらい混乱のエネルギーが生じるというとき、とても疲れる。当人の自覚としては、「悩んでいる」のである。「考え過ぎ」を「悩む」と見なしているのである。だから、ひとつの問題にひとつの考えしかないとき、あなたは、悩んでいるとは感じない。この認識をしっかりもってほしい。

　また、どう考えるか、の問題ではなく、どう受け入れるか、だけが問題の場合もある。
　医者から余命１年の宣告を受けた。死はだれにも、いつかやってくる。それは知っていた。いま、それが目の前に来ただけだ。はい、と受け入れるだけでいい。悩むことはない。が、そうはいかないのが人間というもので、悩む。なぜ？　どうすれば？　どこが？　一気に疑問が吹き出す。
　受け入れるという状態にたどり着く前に、これまでの人生に後悔を覚え、計画中のあれこれのことが出来ない無念、身近なひとたちと過ごす楽しい時間が奪われることに対する悔しさ、医学の進歩の遅さに対する嘆き、などなどが噴出する。
　このような状態にあるひとは、確かに「悩んでいる」のだけれど、答が探し当てられない悩みとは違って、「混乱」そのものなのである。
　ここで、考える力を維持しているひとは、どうするだろうか。
　考える。医者の誤診かもしれない。別の病院で検査をやり直してみたらどうだろう。診断は正しくても、「治療法がない」という判断は、この医者がそれだけの能力しかもちあわせていないという限界を露呈しているだけなのかもしれない。そうなら、やはり、ここを出て、名医をさがそう。
　それでも同じ診断だったら、どうする。さらに別の病院をあたるか。民間療法という代替医療を探すのも無駄ではないかもしれない。
　合点のいく結論に行き着くまで「悩む」状態は続くのである。

悩む、というのは、どのような行為なのだろう。
　考える余地のない事態が起こり、受け入れるしかないという場合は、変な言い方だが、絶望だけがあって悩みはない、といえるのではないか。考える力は働かず、また、考える必要も失われた時間に飲み込まれているといっていいだろう。
　絶望に至る以前の「悩む」状態は、考えている状態である。一気に多くのことを考えなければならない（とおもっている）状況にある。迷いがある。
　迷っている、というのはどういうことか。選択肢が多すぎて、どのような基準で、どのような根拠で、最善のものを選べばいいのか判然としない、あるいは、どちらかの選択というところまでこぎつけたけれど、最終結論が出せないとき、希望をもっているからこそ迷っているのである。
　この迷いは、そのまま思考の迷いである。思考の上でも混乱という感覚が強く出ている状態にある。すでに書いたように、「考え過ぎ」を「悩む」と見なしている、のである。
　考えがまとまらないという状態は、答を求める知的作用のプロセスに、ほとんど常に生じる健全な運動段階であるから、安直に悪いこととみてはいけない。

　悩みをいつもかかえていて、・・・私って、とても不幸なんです、といいたげなひとによく出会う。
　「それは、幸不幸の問題ではなく、考え続けているという状態なんだから、考え方の問題を解消する、あるいは考えている状態に対する認識を改めるだけでいいんじゃない」と、いいたくなる。

　脳内に閉じ込めるのを止めて、書き出してみよう。「書き出す」と、悩みも「掻き出す」。

　〇４２０万円の借金をどうするか。
　〇Ａさんとそりがあわない。顔を見るだけで不快。が、毎日会う。
　〇このところ食後に頭痛がする。怖い病気になっていないか。
　〇先日買ったウォーキング・シューズが足に合っていない。
　〇老後の生活が、時々、とても不安になる。

こんな調子で、書けるだけ書き出す。こんなささいなことは悩みに入らないだろうと厳密に考えすぎないで、とにかく書き出しておく。
　頭の中の大掃除だ。徹底した、ドブさらいをやってみよう。

　例えば、靴が足に合っていないだけでも、いろんな考えが派生的に生じてくる。
　○あの靴屋はいいかげんなものを売りつけた。
　○迷ったけれど、もう一つの方にしておけばよかった。
　○一つランクを下げて千円の出費をしぶったのがまずかったか。
　○絆創膏をいつも忘れずもち歩こう。
　○一月ほどすれば足になじんでくるかもしれない。
　○靴を合わせたとき、確かに歩き疲れていて足がむくんでいたのではないか？
　○早い目に靴屋に行って文句を言ったら換えてくれるかもしれない。
　○換えてもらう可能性があるなら、汚さないために、はかない方がいいのじゃないか。
　○「ほとんどはいてません」と、ごまかすために完全に泥を取り去るには？
　○家にある洗剤では駄目だろうから、いいのを専門店で探さないと。
　　　　　　　　．
　　　　　　　　．
　　　　　　　　．
　　　　　　　　．

　これくらいに具体的になってくると、「悩み」が「気付き」を引き出し、「行動」への機運が高まり、解決の見込みが出てくるのである。
　**事実をしっかり集めることが重要である。不確かな知識が空想を産み、混乱をもたらす。何事であれ、行動すべきことがはっきりしてくると閉塞状況から抜け出せる。**
　まずとるべき行動や、手に入った情報の生かし方など、考えるべき事柄はあれこれあっても、こういう性質の思考は迷走することはない．

## 量で質をとらえよう なんてアホな話や。

個性を無視して、個性までも点数に換算してしまうわけだ。概念による思考は質の思考なんだが、試験はそれを量化してしまっている。

**久野 収**（ひさの おさむ）
(1910-1999)
学問・ジャーナリズム・実践をひとつのものとして生きた市民派哲学者であり、戦後日本の代表的思想家の一人。
主な著書に『憲法の論理』『政治的市民の復権』などがある。

## 真実

　昨日どおり、ここ数カ月の習慣どおり、日常がいとなまれるものとおもっている暢気なひとにとっては、「真実」は縁のない言葉といえるだろう。
　反対に、日々の出来事を、常に新鮮な体験と受け取り、損得に関わらない世界において、素直に追及していくと、「真実」という言葉を使わざるをえないポイントに行き着くとおもう。

　「真実」は、モノの世界には使いにくい。たとえば、「テレビは真実を伝えているか」とはいえるが、「テレビ受像機に真実があるか」とはいいにくい。
　「このプラスチックの小型テレビのデザインに真実があるか」というのも、難しい。木目をプリントしたニセ木製キャビネットのテレビであっても、ぼくたちは、「真実」を問題にしない。

　ニセ皮、ニセ・ダイヤ、ニセ大理石、ニセ・イクラにとりかこまれて、暮してきた。いまさら、真実を問題にしてなにになる、と居直ってきた。ニセでもいいから実用を尊重してきた。義歯や義肢、コンタクトレンズに、人工肛門などなど、有り難いニセもののお蔭で、わが身体の不完全を補いながら、少しは楽に暮せるようになった。

　こころの世界では、常にあからさまに意識されているとはいえないものの、真実をつかみたいという願望が確かに存在するようにおもう。

　真実はとても上等である。並はずれて高貴な品である。けれども存在感が希薄だから、その高貴さに触れることは希である。

　観念としては、在るはず。ないと困るのだが、実感では、やっぱりないのかもしれないと、心細い。真実というのはそれほど確かめにくいものなんだけれど、それが幻想ではないことをだれもが知っているとおもう。

ふだん、ひとは、聞き慣れた、感動のない、気持ちの入っていない言葉を使っている。いちいち気持ちを見定めもせず、浮かんできた言葉を口に出している。

　歌の詞なんかに「真実の・・」と出てくると、「そうなんだよなあ」と同調しながらも本気で感動できない。それは、おもちゃ箱に投げ入れられた樹脂のダイヤの指輪みたいに軽々しい。

　ふつうに飲んでいる水道水を、コップじゃなくて、ビーカーに入れてみる。その水は何も変わっていないのに、「Ｈ２Ｏ」という化学物質の概念が似合う。これはまあ、概念変換とでも呼べそうな脳内現象である。

　この例で考えてみると、真実は、「水道水」でも「Ｈ２Ｏ」でもなく、そういう名称をもらう以前のものなのだ。

　夢で美人に会った。真実じゃないからつまらない、ということはない。ひとは、必ずしも真実にのみ反応するのではないから夢や空想を楽しみ、また苦しむ。けれども、脳内現象としての夢の中で幸せを感じているだけだから覚めてみると儚い。覚めても持続しているものが欲しい。

　真実を、真っ正面から「保証する」ひとたちがいる。宗教団体のひとたちである。それぞれの団体の開祖は、希にも、まことに人類としては希にも、真実を知っているというのである。その希さは司法試験に受かる秀才の数どころではない。心臓が右にあるひとの数よりも、きっと、真実を知るひとは少ないだろう。その指導を直接に受けた、わずかな幹部のひとたちも、真実をかなり知っている、といわれている。

　それ故、病院や銀行から見放されたひとたちが教団に救いを求めるのである。そこには真実を知るひとがいて、幸福への道を指し示してくれるにちがいないと信じているからである。真実こそ最高位の価値（力）であるとみるからこそ通俗的な人間には理解できない大きな額のお金を惜しみなく寄付できるのである。

真実を知るひとは希である。が、それ以前に、真実を知りたがっているひと自体決して多くないようにおもう。
　お金や権力や学歴や外見が、かなり役に立つ現実における処世の技法を知りたがっている人は少なくないだろう。
　しかし、ひとの究極の願いが自分の幸せ実現にあるなら、これは、精神の問題であり、物質の問題ではない。幸せは精神において実現するからだ。
　真実を知る人は、富や賞賛を問題にしないだろう。金や名誉を「大問題」にして騒いでいる人の精神は、見えるもの触れられるだけを信じる水準にあるので「幸せ」には出会えない。

　真実を知る人は必要を知る人でもある、とおもう。
　必要でもないものを求めて苦労する人間は、やはり、愚かな人間というしかない。
　必要は限られているが欲望には際限がない。身体が空腹を覚え、食べ物を求める。ある程度食べれば身体は満足する。しかし、心は、ちらっと目にしたイチゴケーキを、まだ食べたい、と欲する。節度が働かなければどこまでいっても満足できない。
　積極的な生き方とは欲望の大きい生き方なのだろうか。他人のものを欲しがり、持っているものに満足せず、現状を否定する生き方を「積極的」というなら、心にとっても体にとっても苦しい人生になりそうである。

　必要なものはひとりひとり違っている。あなたにおける必要は、考えでも数字でもなく、実質そのものでなければならない。必要なものだけを選び取る英知と決意が全地球人のものであったら、原爆も、化学兵器も、合成洗剤も必要とされなかっただろう。

　「結婚はしてもしなくても後悔を残す」という。結婚という制度があるからといって、あなたに必要なものかどうか分からないまま結婚を急ぐことはない。少し考えれば気づくとおもうが、人間社会には役に立たない制度がいっぱいある。
　愛する人と共に生きる道は結婚にかぎらない。ふたりにとって最善の過し方を見つければいいのだ。愛が真実であれば、それは容易い共同作業である。

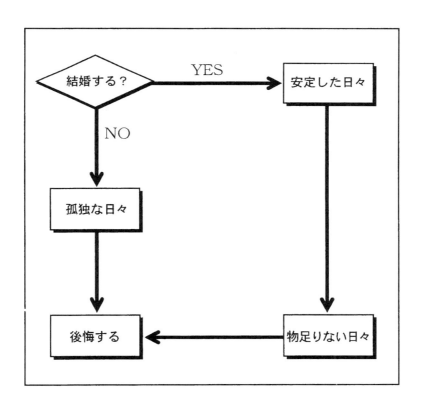

真実について、あれこれ考えてきた。真実の果たす役割について要約すると、こういうことがいえる。

　金や物や人間などの有形なものに対してはもちろん、精神的満足など無形の価値などに対しても、真実の果たす役割はみえにくく、分かりにくい。
　そのため真実というものは存在感が薄く、日常においては軽視されがちだが、人間存在の根元において真実は瞬時も休まず働きつづけているのである。
　生命という営みは、建前や空想や業績ではごまかせない真実性に裏付けられている。総理大臣になっても風邪を引くし、ミスユニバースも年月とととともにしわくちゃになる。金メダリストもやがて老いぼれて死ぬ運命にある。
　生命には嘘がない。生命は真実である。

　**真実に従うことこそが人間としては本質的な解決であるとおもう。**

　しかし、われわれの頭脳は、「本質的な解決」に敬意を払わない。風邪を引かない対策を考えたいし、しわくちゃにならない美容術を開発したい。
　生きるものは、例外なく、いつか死ぬ。それは知っていながら、身近な人間が亡くなったとき、「真実」をそのまま受け入れるのに抵抗を覚えるだろう。ましてや、その死が「解決」などとは考えられない。

　真実を前にしても納得しない「わたし」は哀れである。このことは頭脳の深刻な限界を示している。頭脳はわがままで、それ故の無知を暴露しながら自己保存という絶対目的をかかえて人生ゲームを闘っているのだ。
（頭脳の限界については第3章でさらに詳しく考察したい）

## 関係を考える

　犬と猫は仲が悪い。男と女は惹かれ合う。いや、正確には、仲の悪い犬と猫の関係、惹かれ合う男と女の関係が存在する、というべきだろう。
　複数の要素があって、その関係がうまく結ばれていない時に問題が生じる。関係というものは直接触れることも見ることもできない性質のものだけに、その問題の原因を把握するのはやさしい仕事ではない。
　あの男とあの女がなぜにあれほど憎しみ合うのか。
　人間と人間の間に生じる関係は、モノとモノとの関係以上に複雑で、見えにくく、対処しにくい。人生最大の難題とみるひともいる。

　「椅子」と「机」という単純な関係から考えてみよう。
　子供のための学習机が新入学時によく売れる。日本人は、「机を買う」という感覚が圧倒的で、椅子は「一緒に付いてくる」と考えがちだ。しかし、身体を直接支えるのは椅子なので、椅子が良くないと、疲れて勉強の能率が上がらない。機能的に考えれば、机は仕掛けはなにもいらない。平らな板で十分なのだ。しかし、椅子は、高価になっても、微調整可能なものを求めたい。ぼくなら、椅子に予算の大半を使う。
　また、寸法上の関係もある。使用するひとの身長と椅子の高さと机の高さが適切な関係にないと疲れる。

　今度は、美というものを考えてみよう。美も単独では扱いにくい。色や形や素材感といった要素に大小、多少、強弱、重軽などの相対性が掛け合わされて決まってくる。諸要素が関係の力学において作用しあい、そこにかもしだされる全体的印象が美をうみだすのである。
　特に、変化と秩序という性質が美の実現に大きな関わりをもっているようである。秩序は美の主原料だが、それだけだと物足りない。変化というスパイスが要る。変化ばかり目立つと「混乱」になる。
　そこで、美の公式を次のように表現してみよう。
　　**美＝　[変化・秩序]**

基本的構成は同じでも細部の緻密さは美のグレードを高める

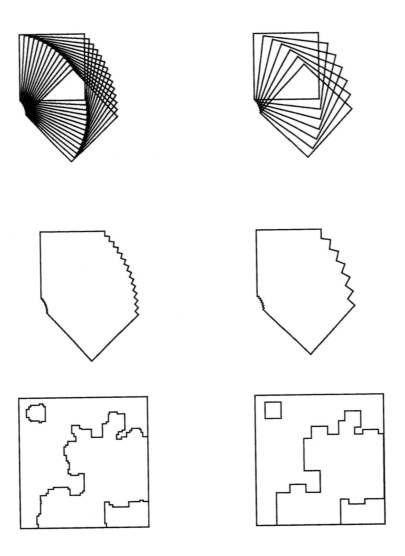

仮に、「変化」を分子に「秩序」を分母としてバランスを分数で表記するとしよう。1/3 と 3/9 は数学的には同じ値だが、美の公式という観点からみれば違う。両者は量的バランスは同じだが、3/9 の方が 1/3 より細部の雄弁さが増すので豊潤（ほうじゅん）な美を感じるのではないだろうか。

　なにかひとつの要素をとりあげて、その是非にだけ執心していると、関係そのものの取り違いに気付かない。
　関係を考える作業は、まず、対象となる要素を可能な限り多くとりあげることからはじまる。「全体」像が損なわれないように、関わりのありそうな要素を全部取り出すのが目標になるのである。
　全部となると大変である。大変どころか、「全部」「すべて」という概念は非現実的である。実際のところは、可能なかぎり多くの要素をとりあげて、関係理解の精度をあげるよう努力するしかない。

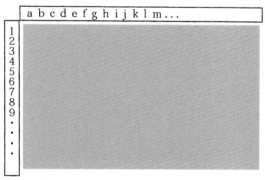

　さて、全要素のリストが用意できたら、要素間の関係の深さを「無関係」から「不可分」まで、いくつかの段階に区分していこう。

```
無関係          ×
少し関係あり    △
かなり関係あり  ○
不可分の関係    ◎
```

都市における「場」の活用を、簡単なマトリックスにまとめてみよう。
　「場」というのは、道路、広場、公園などである。これらの、いわば空間系の要素に対して、通行人とか自動車とか移動店舗などの「モノ」が関わって都市の活動が成立する。「場」と「モノ」の相関関係をにらんで、都市における移動性とイベント性を検討するマトリックスが描けるわけである。
　「場」と「モノ」の個々の要素をにらみながら、関係の深さをひとつひとつ評価していくと次の表のようにまとめられる。

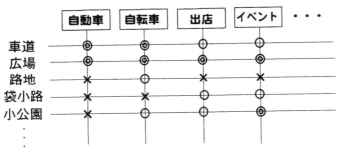

　広場は、出店やイベントとの関わりが深いが、自動車もそこに入ってくると、店もイベントもかなり制限される。そこで、広場では自動車は締め出す原則を定めた方が都市生活にうるおいが出て来るということがわかる。
　このマトリックスは、いうまでもないが、複雑な都市のほんの一面を表現しているに過ぎない。関係というものは、対象が何であれ、目に見える要素だけで成り立っているのではないので、その実体をつかむのに慎重さが求められる。
　一般的に、マトリックスから関係をきっちり読み取るには、少なくとも、次の3つの観点を考察しておきたい。

　　①要素と要素の関係（Ex. 家族数と冷蔵庫の容量）
　　②要素と全体の関係（Ex. 京都タワーと京都市）
　　③関係の深さ　　　（Ex.「無関係」から「不可分」）

　マトリックスの作成は、最終目的でも成果でもない。表から解決案が、自販機のコーヒー缶みたいに飛び出してくるはずもない。解決案を読みとる能力と直感を大いに活用してこそいい結果が出せるのである。

**デパートの包装紙でつくった即席アクセサリー**

アクセサリーの美は、衣服、肌、体型などの諸要素との関係できまってくる。無難なバランスを崩す志向が若者のファッションの特徴といえるが、それはまた「新しい秩序」への芽だと言い換えられるのではないか。

人間関係という厄介なものを考えてみよう。生きる苦労の横綱格にあたるのが人間関係である。
　家族、恋人、クラスメイト、同僚、上司、先輩、部下、後輩など、どんな関係でも苦労は発生する。
　男と女にいたっては、妄想で結ばれ目醒めて別れる、というパターンを有史以来繰り返しているだけなのに、ほとんど常にドラマの題材としても不可欠な「関係」になっているといったら言い過ぎだろうか。

　ひとは関係から逃れられない。母の胎内に宿った瞬間から他者との関係が始まったのである。母の愛を獲得するために乳児でもそれ相当の努力が求められている。
　かわいい声を出せば母もほほえむ。笑顔が醜いと、母もおもわずめんどうくさい気分になるだろう。「親」だの「子」だのの概念は全くなくても、関係についてのしっかりした目覚めは乳児にもある。
　少なくともすべての子供がかわいいなんてことはありえない。どうにも醜くくて親に憐憫の情のわくような子もあるだろうが、当の親がどう感じているかは個別の審美眼と寛大さに負うところが大きいから別問題。

　ぼくは、人間関係の真実をまっすぐにみよう、といいたい。他人との関係以前に裸の自己とつき合えないと。「世間標準」という幻の物差しなど捨てよう。
　「本音の関係もあれば建て前の関係がある。」などという、もっともらしい言説にだまされず、ただただ浄いこころで考え、単純に、まっすぐに行動しようではないか。
　世間標準を捨てれば、魔法の透視メガネをとおしてひとがみえてくる。平気でひとを傷付け、出世する人間は少なくない。肩書きは、必ずしも、人間の偉さを示す指標ではない。勲章は強欲と非情の証しかもしれない。そんなことは直感のよく働く子供の方がわかっている。勲章に目がくらむ大人はだまされる。
　関係を結べない人間は自立していないのだ。依存だけを求めている。利益をむさぼる結果、苦闘や破綻がついてくる。
　自分を信じる。自立する。でないと他者との関係はしっかり確立できない。

### 短期的解決と長期的解決

　歯が痛い、腹が痛いとなると、早く痛みを取りたい。嫌なことは早く終わらせたい。解決は急がれる。
　結果を早く出すために、少し乱暴な手段を取らざるをえない場合もある。歯痛、腹痛なら、強力な鎮痛剤で痛みを感じる神経を麻痺させてしまえば直ちに楽になる。一応の解決がえられる。
　といっても、いつも歯が痛んだら鎮痛剤で押さえるというのはかしこくない。虫歯か歯周病か、原因をはっきりさせて、根本的な治療をした方がいい。それに鎮痛剤の飲み過ぎは危険である。
　長期的にみると薬害というものも考慮にいれなければならない。全生活を薬に依存しているひとは、個々の薬品の害のみならず、それらが複合的に反応し、より複雑で始末の悪い体内汚染を生じる危険性に留意すべきである。
　いい歯科医をさがすところからしっかり取り組めばかなり時間がかかりそうだが、その時間は無駄ではない。抜いたり、削ったりした歯は二度と元にもどらない。

　**短期的にみるか、長期的にみるか、それによっていますぐ取り組むべき方策が違ってくる。**

　この観点から「解決」という言葉をにらんでいると、これは底なしの池の清掃のようにおもえてくる。底地のヘドロにたどりつけず、かき混ぜるだけの掃除になってしまうのだ。
　どこまでやれば解決なんだろう。限られた条件下でも解決という到達点が見えにくいものである。

　５階建てのビルの廊下を掃除する、とする。５階から掃除機をころがし始めて順次下の階に降りていく。３階か２階に来た頃には５階に塵が吹き込み、廊下が汚れ始めているだろう。それはそれと知りつつ、戻らず、１階に降りて掃除を継続する。一応掃除は完了したことになるが、「完了」という意識は持てない。掃除に完了も終了もない。宇宙に静止がないかぎり塵や汚点は常に増えつつあるのだから。やりがいがない仕事といえないこともないが、短い間にしろ気持ちのいい状態が存在するのも事実だ。

解決は、自分でつけた区切りではないか。１週間に１度の掃除が「解決」であるひともいれば、掃除はしないという決意が「解決」になっているひともいるだろう。

　生命保険をいっぱいかけて安心したがるひとはお金で解決をはかろうとしている。どうせ短い一生、死ぬまで好きなことして生きたいというひとは成り行きに解決を求めている、といえる。
　完全な解決というものは、頭の中の観念であって、実在しない。問題がすべて消え去るという状態が「完全な解決」なのだろうが、それは無理だ。ひとつ解決するとまたひとつあるいはいくつかの別の問題が生じる。押し込んで解決しようとしたら、とんでもないところから出てくるのが問題である。

　予想や推測は、短期的に、少しだけ役立つこともあろうが、信頼しない方がいい。権威のあるなしも関係ない。現実はそれらを裏切って起こるだろう。予想しなければ裏切りもないし落胆もない。
　若いときから老後に備える堅実な生き方を心がけていたひとも若死にする。生まれつき病弱で先がないと好き放題に生きて長寿をまっとうするひともいる。それが現実だ。統計ではなく自分に起こることだけが現実だ。
　最初から２０年の生涯と分かっていたら、もっと思い切った生き方ができたかもしれない。いや、それもひと次第だろう。我が身の不幸を哀れんでやる気が出ないまま生涯を閉じる人生もある。

　それならば、現実をありのままにみて、あなたが**実感をもって見通せる近未来を最も遠いゴールとし、考えられるかぎり最善の解決をもってよしとする**しかないのではないか。10日も10年もゴールであることに違いないのだ。
　「実感」というのがやっかいである。数字を出してくれとか、根拠になる科学法則を出してくれといわれてもそういうものでないから実感なのである。
　どうしても実感で判断できないひとは実感音痴というべきで、極度に科学信仰が強くなるか、占いや教団に執心するか、なににしろ頭の中に逃げ込んでいきがちなのでご注意を。

科学を支えている合理性は、記号の上の辻褄合わせである。辻褄が合うから真実であると納得するのだったら、辻褄を合わせる工夫しだいで真実を操作できることになる。それならば、科学的認識とは人為的創作にもなる。
　一方、盲目的な信念が現実をどれほど動かすことができるのだろうか。現実をかぎ分ける感性を失った状態で、何かを受け身に信じるとなればそれは博打というべき暴挙である。

　ぼくは基本的に科学者を信用しない。そして科学なるものの成果がいかに実用的な進化をもたらすものであれ、必然的に科学は常に疑いの目にさらされるべきもので、科学者という人種に実証への努力を怠らしてはいけないのだ。

　**便利なものが目に見えない危機を増大させていることが少なくないからである。**

　ジャンボジェット機の塗料は140kgになり、その重量のために年間4万リットルのエネルギーが浪費されている、と計算するひとがいる。論理的に筋が通っていて、こどもにも分かる内容である。塗装しないという「解決」法で相当な省エネになる、という。現実はわからない。
　この程度の論理なら無塗装のジャンボを飛ばして燃料の減り方を計ればすぐ実証できるので、「疑い」が晴れるのに時間はあまり掛からないだろう。
　原子力発電所の安全性はどうか。その開発や安全管理に関わる科学者については、これまでの多くの事故経験から、ぼくは、姑息で無責任という印象をもっている。その事故対策の杜撰さや事故原因の究明に対する不誠実さにあきれる。科学の限界性に対する謙虚さを失っているとしかおもえない。金や地位と交換に科学的精神（真理追究）を売り払ったかにみえる。
　分野にかかわらず、先端を走っている科学者ほど要注意人物である。わがままで権威的になりやすい条件がそろっているからだ。

愛とか美というものは実感があって、だからこそ存在することが少なくとも当人にとっては実証されているものである。愛や美を感じているのは自分自身なのだから。

　わざわざ、それらについて考えなければならないのは「（ひとの間で）話題にする」とか、「（論文・演説などで）主張する」とかの伝達作業にからんだときである。

　その感じをひとにうまく伝えるのは至難である。芸術家といわれるひとたちは伝えるのが上手だけれど、それは論理によるのではない。

　愛とか美を科学の論理で説明するとなると、ほとんど絶望的な仕事になるだろう。（「信じる」項参照）

　短期、長期という時間の区別が、どれほど、いま、あなたが取り組まなければならない問題に決定的な意味をもつのだろうか。実は、見通しの長さではなく、今のところ、自分が見いだした答が妥当だとおもっているのであれば、それを実践に移すだけでいいのかもしれない。特に、時間にゆとりがあるような仕事の場合は、小刻みに、妥当な考えを実行に移していけば、最終的な目標にむけて精度が高められるとおもう。

## キー・ワード (key word) の利用

　錠前に、正しい鍵(キー)を差し入れれば、開く。この鍵に当たる言葉を自分がもてば、厄介な問題が解けるのである。実に頼もしい語(ワード)である。
　いまでは、インターネットなどで、なにかを調べるときに、「キー・ワードで検索する」という使い方でよくお目に掛かる語である。
　必ずしも「鍵(キー)」というほど決定的な解決力をもつものではないにしろ、思考を助けるためにキー・ワードはいろいろ利用できる。

　**考える方向を決める（示す）、というのがキー・ワードの基本機能である。**

　どこかに旅したい。そこで、「北」をキー・ワードとして旅を考えてみよう。「北」から連想できる言葉を書き出そう。雪国、スキー、スケート、毛皮、暖炉、鍋、温泉、無口、色白・・・。
　ここで、「鍋」に注目すれば、それがまたキー・ワードにもなって、例えば「北国の温泉旅館で鍋を囲む旅」の概念が定まる。

　**キー・ワードは、ある混沌とした（しかし、ぼんやりまとまりのある）考えに中心を与え、はかない意味の存在に実在感を与えるのに役立つ。**

　そういう語を思いつかないときはどうするか。混沌とした考えを頭に保留しながら、その表現に近いとおもえる語をさがそう。
　国語辞典などをパラパラめくってみる。哲学用語辞典とか現代用語辞典みたいな特定ジャンルものも役立つ。


　**考える切っ掛けだけでもほしいというときも、キー・ワードを利用しよう。**
　思考の方向やパターンを変える刺激をもたらす語を探したい。この目的でも辞書が使えるが、特別なことばである必要はない。ふつうの語で十分である。

具体例を通して考えてみよう。

現代においては、有害な食品添加物がたくさん使われている。厚生労働省が禁止すれば一気に片づく問題なのだが、いくつかの産業界の利害がからみ、そうもいかない。役人のやる気のなさや添加物製造業者のごまかしもあり、なかなか難しい。市民にとってみれば、業界内部の情報も専門情報も不足しており、「有害」と断定することは困難である。

そんなふうに考えていると、「無害」という言葉が出てきた。「有害」の反対概念が「無害」。「無害」にすれば「有害」でなくなる。光のあるところ闇は存在できないのだ。

あらためて、「無害」の一語に力を与えよう。

＜食品添加物の無害化の方策＞
○選べる限り添加物（表示）の少ないものを購入する。
○信頼できる研究者や市民グループが公表している特に危険な添加物の一覧表を常に持参し、それらが含まれている食品は買わない。
○信頼できる研究者や市民グループの公開質問をはぐらかすメーカーの食品は買わない。
○五十回以上噛む。唾液はかなりの有害物質を無毒化する。
○海藻類、特にワカメの植物繊維は添加物等の吸着に役立つ。
○解毒作用の強い天然水を常飲する。（国産地下水で高度な軟水がベスト）
○食後、大根おろし、生姜、ウコン、梅干しなどを食べると添加物の排泄が促進される。

こうしたデーターをそろえていけば、実践に向けて具体的見通しが増大するので、問題の解消に自信がもてるようになる。

**キー・ワードは、頭脳の運動に方向性を示す標識である。**

　実は、まだ道路がないのに標識だけ先にたてるという手がある。キー・ワードを掲げてしまって、それが指し示す実体を後で明確にしていこうというわけだ。標識がいい加減なら思考は迷走するしかない。しっかりした標識としっかりした標識をつなぐ道路では、思考もしっかり走る。

　言い出したのはあなたなんだけれど、実のところ、まだ十分に理解できていない概念であって、一応、それに名前をつけておけば、なんとなく内容があるようにみえて、他のひとの反応も利用できそうなことがある。

**言葉をつくることは世界をつくることである。**

　複雑で斬新な概念をひとつのキー・ワードに表現すれば、それは新しい世界への標識になる。
　**最先端の科学用語は、人類の認識の最前線を示すキー・ワードなのである。**

　そういうことからいえることだが、キー・ワードは、膨大な情報の海を濃縮した一滴でもある。

　相当量の内容でも**３つのキー・ワード＊に集約して説明する**となんとなく全体像が伝わる。こういう情報の重点主義は、意思伝達の方法として能率がいいので、ビジネスの世界では好まれるのである。

　アジアで知られるマントラ（真言）は、人智のおよぶ究極の鍵として、もっとも古いキー・ワードといえるのかもしれない。（第３章参照）

＊３点を決めれば平面が確定する。三脚はその実例。この安定感が一般に受け入れやすいのかもしれない。

**問題の解決をさぐるキー・ワード**

まず、問題を総括する最適な語を選び出す。そして、それに対する解決を象徴する語を見つけだす。単純な作業だが、問題に取り組む基本姿勢が決めやすくなるとおもう。

| ＜問題＞ | ＜解決のキー・ワード＞ |
|---|---|
| 困難 → | 容易 |
| 欠陥 → | 回収 / 修繕 / 改良 |
| 危険 → | 安全 / 避難 / 予知 |
| 不正 → | 粛正 / 告発 |
| 混乱 → | 制御 / 統一 / 整理 |
| 停滞 → | 刺激 / 刷新 |
| 粗末 → | 洗練 / 撤去 |
| 高価 → | 安価 / 適正価格 |
| 不足 → | 補足 / 補強 |
| 過剰 → | 削減 / 寄贈 |
| 不快 → | 快適 / 忍耐 |
| 有害 → | 無害 / 禁止 |
| 未熟 → | 熟練 / 指導 |
| 不潔 → | 清潔 / 衛生 |

### 情報とのつきあい方

　情報は考える材料である。材料が悪いと料理はうまくいかない。情報が貧しいと考える力が萎える。
　問題は、情報の量と質である。ここでは、よりよく考えるために、情報をどうあつかうべきなのかという点を検討してみよう。

　人間に取り込まれた情報が知識である。思い出せる知識には限りがある。そこで、何かに記録しておいて、きっちりしまっておき、必要なときに取り出せるようにしておけば便利である。記録と確認がスムーズにできるシステムをつくることが情報整理の肝要である。

　経済先進国の都会生活者は、情報の「洪水」にのみこまれている。情報を伝える媒体の種類も多いし、情報そのものの量も膨大である。
　そんなところで暮しているひとが情報をなんでもかんでもため込んでいたら、ひとつやふたつの部屋があっと言う間にゴミステーションになってしまうだろう。
　何を残し、何を捨てるか。その基準はあなたの必要と嗜好によって決めればいい。が、「ゴミ」は猛スピードでたまる。よほどの情報でないと保存しない、という強い決意が必要である。

　本格的に情報収集にとりかかった頃のぼくは、「保存するものはないか‥」と、飢えたライオンが餌を求めるように、新聞や雑誌をなめるように見ていた。そして、ちょっとおもしろいと思った情報はなんでも取り込んで、残した。集める行為に熱中した。しかし、自分が収集した情報の活用の実態を学んでいくにつれ、飢えは鎮まり、余程の「食欲」をそそられるものにしか手がのびなくなった。
　空腹ならどんな下手な料理も「最高！」に味わえる。しかし、満腹したひとののどを通る料理は、よほどうまくなければならない。満腹してはじめて上質なものが分る、といえるのである。
　情報もしかり。ある程度真剣に「知る」努力を続け、情報に飽満感をおぼえてはじめて、「選ぶ」力がついてくるとおもう。

情報収集の目的・性質などによって事情は違ってくるので一般論は述べにくいが、ぼくの場合、次のような情報は原則として捨てる。

①古い情報（５年以前のもの）
②怪しい情報（情報源の信頼性が低いか不明）
③使用済みの情報（手紙や済んだ仕事関係資料）

　出来るだけ残そうとしてはいけない。出来るだけ捨てようとしなければいけない。捨てるのが基本なのである。捨てられるのが自然なのである。水がとどまれば川は腐り、実質的に川は消滅する。
　「いつか役に立つかも」は止めた方がいい。「後で困る」ことは意外とない。その時はその時で何とか別の手だてで切り抜けられるものである。
　「でも・・」と、いま悩むことはない。その時に考えればいいのだ。

　過去への郷愁は保存意欲を刺激する。整理の最大の障害がこの感情である。手紙などがいい例だ。手紙を残すのは個人の趣味の問題だが、この趣味を情報整理に持ち込んではいけない。ぼくは過去は切り捨てる人間なので、手紙は二、三度しっかり読んで、捨てる。
　取っておきたい記事がある。一応、切り取って残しておく。それで、１週間ほど、袋か箱に放り込んで、忘れる。１週間後、読み返してみて、やはり必要な情報だと感じたら、保存すればいい。

　人間は、何も考えなければ何も残さないだろう。少し考えると、不安だから、出来るだけ残そうとする。さらに、情報に対して、しっかりした評価基準がもてるようになれば、残すものはほんのわずかになるだろう。

情報の選別

何を残し、何を捨てるか。それは、あなたの価値観次第である。

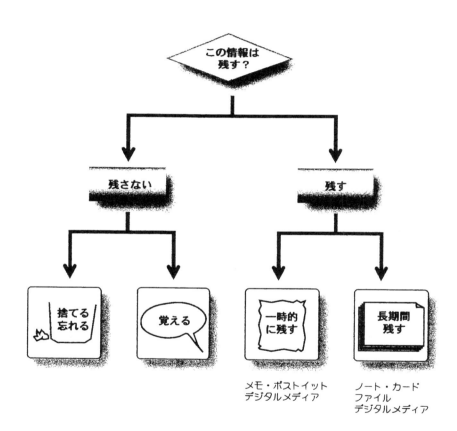

十分な量の情報がないと十分に考えられない、ということがある。また、当然、情報の質が一定の水準に達していないと、それらをネタにした考えは信頼に欠ける。しっかりした根拠をもたない考えは妄想にすぎない。
　そこで、**思考の質は情報の質に負うところが大きい**、といえる。
　見かけ上はわずかにみえる情報媒体から、実際、どれだけ多くの情報を取り出すことができるか。そこは、観察眼の性能次第である。
　同じ場所に旅しても、「何もなかったよ」と嘆くひと、「興味深いものがいっぱいだったよ」と感動するひと、「どこも同じだ」と納得するひと、と様々である。
　観察眼の問題ではなく情報の蓄積量の違いという場合もある。「嘆くひと」はすでに膨大な知識を自分のものにしていた。「感動する」ひとは余りに情報の蓄えがなかった。そういうことなのかもしれない。

　インターネットを利用するひとなら、新聞の切り抜きなどをストックしなくても、必要な情報をその都度集めればよい。常に、鮮度のいい情報が得られる。これは実に便利である。老いたり、死んだりしている情報を山ほど保存するのは止めよう。
　インターネットは狭い家に住む人間には有り難い。時間と共に変化する情報は本や雑誌だと追いつかない。だから、その分野の情報はネットからとる。結果、部屋は広くなる。これは物理的な恩恵である。
　インターネットのお蔭で、まず一生お目にかかれそうになかった情報に、ほんの数分で到達できるようになった。米国連邦政府の内部資料やNASAの貴重な高画質の天体写真など、感激で飛び上がる。時間とお金がかかる情報がパソコンさえあればただ同然で得られる。世界の野鳥、ルーブルの名画、大相撲の歴史、あれもこれもすぐ分る。

　娯楽として映像や文章をみている分には問題はないが、信頼できる事実を探索するには問題がある。ネット上の情報は責任の所在が不明確なものが多過ぎるのである。情報の使い回しが当然の世界だから誰がその情報の発信源なのかわからない。
　取り出した情報が眉唾物でないか確かめるために、そのデータを再度検索にかけて検証する作業は欠かせない。

基本的には、紙かパソコンか、という選択になるだろう。といっても、きっちり一方だけではすまない。現実的には、両者のうまい組み合せを検討しておかなければならないだろう。
　高価なパソコンを買えば能率が上がるというものではない。書類を片づけるのが下手なひとはパソコンの「箱」の中にも混乱を持ち込むだろう。
　また、常に「故障」の危険にさらされている。寝る間際にパソコンが急に動かなくなる。数分前までちゃんと働いていたプリンターが無反応になる。下手すると数時間も原因究明に時間を奪われる。それでも修復できればいいが、駄目ならショップに持ち込んで半月くらい預っけぱなしになってしまう。
　その点、紙には「故障」がない。不可解なトラブルも起こらないので、付き合うにはストレスが小さく済む。
　「紙の時代は終わった。ペーパーレス時代の到来！」と豪語するコピーが登場したのは10年以上前のことだったが、ますます紙の消費量は増えている。
　いまや古典的ともいえるカードやノートも捨てたものではない。安価で能率の上がる素朴なシステムが構築できる。要は、使い手の工夫次第である。高額の初期投資（パソコン・ソフトの購入費）、エネルギー、メンテナンスからも解放される。解りにくいマニュアルと格闘しなくていい。迷惑そうなオタクに気兼ねしながら教えてもらう必要もない。

　パソコンが、メーカーの無責任な「買い換え促進政策」で、実質数年間の製品寿命しかないのは嘆かわしい。情報を扱う産業が、データの継承性をこれほど平気で無視できるという粗暴さにはあきれる。
　パソコン・メーカーは、商売のやり方で証明されているとおり、所詮「機械屋」にすぎず、「情報」の価値を大切にする見識など持ち合わせていないのである。

　情報の活用という観点からみると、一時的（短期的）に残す情報と、長期保存をねらった情報では少し性質が違う。両者の違いは以下のように整理できるとおもう。

### ①一時的に残す情報
　素早くメモし、用件を処理する場（の近く）に保管する。
　〈例〉メモ用紙、Post-It*(ポストイット)（付箋紙）など

②長期保存する情報
　書き込み（入力）に手間取るが、長期間利用できて、変化を取り込む柔軟さを備えたシステムを構築する。必要なときに、素早く取り出せる工夫が大事である。
〈例〉カード、ノート、パソコンなど

　重要な情報はパソコンだけに入れておくと予期せぬ「故障」で消滅する可能性があるので、紙（プリント）としても残しておいた方が安全だ。「バックアップ（フロッピーなどの外部メディアに保存すること）を常にとっておく」のはいいが、それだけでは万全ではない。すでに触れたようにメーカーは目先の売り上げだけを気にしていて、まるで信用出来ない。パソコンがつぶれて買い換えたものの、古いデーターは完全な形で読み取れない、という事態も起こる。

　本や雑誌も、量が増えてくると、情報を能率よく活用するためには、保管の仕方に工夫が必要である。10冊しかないときと、100冊に達したときとでは、保管・整理に「質的違い」があってしかるべきなのである。その工夫に自信のないひとは、一定数を超えたら捨てることである。活用の見込みのない本や雑誌はさっさと捨てるべきである。
　情報は、所有しているだけでは価値はない。活用できる状態にない情報はすでにクズなのである。

　　＊『Post-It（ポストイット）』は住友スリーエム社の登録商標である。

## 情報媒体としての紙

パソコンの時代にも、紙の活躍はめざましい。賢明な使い方をすればノートやカードという安価で単純なモノが最高の情報ツールにもなりうる。

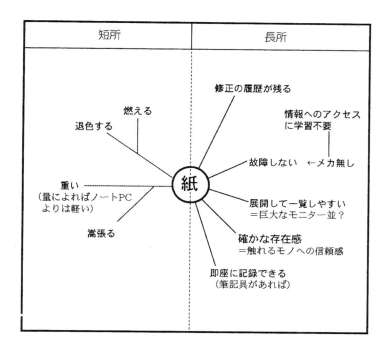

## 思想の選択

　自分にぴったり合った既製服がみつかるとうれしい。怠け者にも貧乏なひとにも、既製服はありがたい味方である。今では膨大な数の衣料品がお店で完成品として売られている。当然、オーダーするひとが激減した。少し大きめの店をみてまわればなんとか自分に合った服はみつかる。

　考え方の「既製服」が思想というものである。
　一応でき上がった考え方のエッセンスが一つの思想として用意されている。
　思想を学んで、考え方の基本を身につければ、自力でゼロから考えるより能率よく高度な結論にたどりつけそうである。
　ひとつの際立った思想を築くほどの人は、並外れて頭がよいのだろう。生涯をとおして、あれでもないこれでもないと考え抜いた人の思想は、凡人の軽いおもいつきとはわけが違うはずである。
　さて、どの思想がいまの私に役に立つのだろう。
　本屋の「思想・哲学」コーナーにいってみる。が、ここはなんだか重い空気がただよっている。初心者にはタイトルから自分の欲する内容を読みとることができない本が少なくないだろう。『サルにもわかる哲学入門』という本があったとしても、そもそも人間である自分の理解の限界を自分はわかっていないのだ。

　哲学者の名前がそのまま思想を代表していることが多い。その思想の研究が、また独自の思想になっている。ひとりの哲学者や思想家の言い分が「一つの思想」を形成しているのが基本だ。が、ひとりのひとが複数の思想を生み出すということも珍しくない。若いときから死ぬまで、思想を変えまくって、どうにもまとまりのない生き方に見える場合もある。（見かけはどうあれ、本人の真意は簡単に判断できないが）
　死ぬ前にたどりついた思想が最高のものともいえない。頭が衰弱して妄想が増えたお陰で思想が華麗に見えるという妙な思想家もいるだろう。名声に固執して、世間からいい評判を勝ち得るために思想に過剰な装飾をするというケースもある。
　といった調子で、あなたにとって学ぶべき思想を見つけるのはかなりめん

どうなのである。偶然の力もかり、専門家や友人にたすけられ、真剣に、かつ急ぎすぎないで思想さがしに励んでみよう。

　よほど運のいいひとでないかぎり、自分にとってぴったりの思想を見つけるためには、相当に多くの本を読む必要がある。この手の本は、実用書と違って、著者が、分りやすく説明しようとするよりも、自分の考えを正確に表現しようとするものだし、自分もはっきりしてないので書きながら明らかにしていこうという無責任な態度まで加わって、読者への配慮は二次的な問題になるので、多くの読者は置いてきぼりをくう、という傾向があるからシンドイ。

　ひとりの思想家から多くのものを得ようとするなら、少なくとも数冊の著作を読んで、思想の全体像をつかむ必要がある。本人が書いた物と別の人が書いた解説書を併読するとわかりやすいとおもう。
　というのが正論なんだろうが、思想書の中の一節を気まぐれに拾い出して、全体の基調など無視してても、とても刺激的なことばに出会えることがある。自分にはおもいつかなかった始点から思考のスタートをきるだけでも意味があるだろう。
　「痛みは、ひとの心の中にあるといわれるが、痛みという概念は、
　　われわれの生活における特別な機能によって性格づけられている。」
　　　　　　　　　　　　　　　　　　　　　　　（ウィトゲンシュタイン）
　痛いという実感と、「痛み」という言葉は別のものである。言葉の方は、いろんな場面で、それ自体の意味の働きを発揮することができるが、自分の身体内で感じ取った「痛み」はどこにも移動できない。
　こんなことを言っているウィトゲンシュタインというおじさんが、哲学史上どんな業績をあげたのか、どんな思想体系を代表している学者なのか、そんなことには全く関心がなくても、この部分は部分で、独自の思考の材料を提供しているとおもう。

　もっと楽な手は、思想ガイドブックや思想事典などの拾い読みである。感覚的にみてオモシロクおもえる人物や主義・思想の'つまみ食い'が楽しめる。思想の系統の図解なんかもいろいろ出版されているが、これらも直感的に遊び学べる。思想世界の鳥瞰図を手にして、どこに舞い降りればいいか、というヒントが得られるなら十分としておこう。

少し違うジャンルの、物理法則・社会法則の研究なども、実は思想の結晶体であることに違いはないのである。

　　Ｘ理論・Ｙ理論（米国経営学者Ｄ・マグレガー）

　　Ｘ理論 -- 人間は本来的に労働をきらうため、つねに労働のためには経済
　　　　　　的動機づけが必要である。
　　Ｙ理論 -- 人間にとって労働は本来好ましいものであり、労働によって自
　　　　　　己実現をめざす。
　　　　　　　　　　　　　　　（『科学法則を活かす事典』加藤純一・ビジネス社）

　この法則は、明らかに経営を考える目的であみだされた理論であるが、いろいろ応用が利く。たとえば、教育を考えてみよう。子供は勉強が嫌いという前提で、どんな圧力をかけて勉強させるか、というのがＸ理論。もともと興味をもった事柄は喜んで自発的に学ぶのが子供なのであるというのがＹ理論。

　日本の大半の学校はＸ理論の実践で、子供を勉学という強制労働の奴隷にしている。

　ある事象について、本来数百頁におよぶであろう説明が、一つの数式に凝縮されて表現される。それが法則というものの醍醐味である。

　法則というスタイルは、思考の結晶体である。しかし何事にも程度というものがあって、有名な $E=mc^2$（「質量とエネルギー同等性の法則」）くらい単純になってしまうと、一般庶民には、簡便とか、一目瞭然という感覚を通り越して、せっかく法則が掴み取った真理が、またまた異次元の難解な世界に消え去るという趣である。

数式に弱い人は、物理現象や社会現象に関わる諸法則を日常のことばで解説してくれるガイドブックを求めればいい。

　　　角運動量保存の法則：$L = I\omega$
　　　　（$L$：角運動量　$I$：慣性モーメント　$\omega$：角速度）

　この法則の式をみているだけでは、ぼくには何もひびかない。しかし、専門家にかみ砕いて説明してもらうと、法則が表現しているイメージがちゃんと浮かび上がってくる。
　『法則・公式・定理雑学事典』（藤井清・町田影一郎／日本実業出版社）によると、あのフィギュアスケートの華麗なる回転の妙技がこの式で説明されているというのである。スケーターが手足を伸ばして慣性モーメントを最大に回転しておいて、一気に手足を体の中心に引っ込めると超高速のスピンになる。直径の大きなコマが回転すると安定性が高いのも慣性モーメントが大きいからだ。

# 信じる

　人間にはすべてを知りつくす能力はそなわってない。そう断定出来る根拠はないが、「全能だ」と断定する根拠はもっとない。
　経験に照らしても、並の人間でも（だから？）、自分が全能でないことくらい文字を覚える以前にわかっていたはずだ。

　理解力に欠けた部分をもっているからこそ、ひとは苦労し、心配し、考えるのだ。無力を感じつつも、努力したり忍耐すれば少しは賢くなるにちがいないと信じてきたところがある。それは個人の実感であるだけではなく、社会もそのような信念で学校を建て教育制度を築いてきた。


　宗教をいたく尊重するひとは、人間はいくら頭のいいひとでも、わずかなことしか知らないのだから、全知の神を頼りにしないととても惨めな人生になる、と異口同音にいう。
　一方、信仰という行為は自己責任を放棄している、とみるひとがいる。自分の人生なのに責任をとろうとしない生き方は甘えである、と。そもそも神など想像物にすぎないのに、それに依存しようというのは自作自演の狂言を演じているだけだ、という批判になる。
　神の存在についての議論は置くとして、真理を求める人間の営み、という観点に立ったとき、宗教も科学も同じ目的をもっているという点は認めなければならない。
　宗教と科学の「対立」という図式は、あまりにも考えることに怠慢なひとたちがつくりあげてきた概念であるとおもう。
　宗教が問題にしている生命の存在理由は、最初から科学の仕事ではない。科学は、生命がどのように存在しているかという事実について可能なかぎり詳細な説明を試みているだけである。大宇宙がどのように誕生したかという仮説を緻密に実証していくのが科学であるが、「なぜ大宇宙がつくられたのか」という疑問には答の用意がないし、それを目的にもしていない。ヒトゲノムの暗号解読は科学の仕事であって、宗教の仕事ではない。暗号の制作者の意図については宗教の問題になり科学には及ばない部分である。

宗教は、それならば、大宇宙誕生の理由を知っているのかというと、謙虚な教団なら、「完全に知り得たわけではないが、それを神から学ぼうとしている」とでも答えるだろう。

　「信じる」は、「考える」の反対にある。そうみえる。
　信じる人間は考えない。考える人間は信じない。
　しかし、自分を注意深く観察すれば気づくだろうが、あなたは、時に応じて、この両極にあるかにみえる行為を、使い分けていないだろうか。
　どの金融機関が安全で有利な資金運用をしてくれそうか、資料を見ながら、ひとの意見をききながら、考える。ほぼ、目途がついたものの、絶対にその金融機関がつぶれないと確信できるものではない。
　資料を作成した格付け会社や評論家や金融の専門家はどうなんだろうか。その資料づくりに偽証はないか。能力不足による分析ミスはありえないか。その情報の伝播、報道課程でのミス（歪曲、誤植、言い間違い、聞き間違いなど）はありえないか。当然、すべてありうる話だ。

　それでもどこかの金融機関に預けるしかないというのなら、「ここならきっと安全に運用してくれるだろう」と'信じる'しかない。
　どこまで考えても、最後には信じるしかない。考えている自分の能力自体が疑わしい。
　明日のことはわからない。まあ、そうはいっても、ほぼ起こりそうなことに備えて、「準備」し、「予習」し、「手配」し、納得しようとする。そうするしかないのだから。

　在りうる可能性については考える価値がありそうにみえる。比較は思考の基本技だ。特に、合理的な価値をどちらがより多く持っているかという比較は数量化して把握できるかもしれないが、非合理な、数量化できない価値はつかみようがない。また、われわれ人類の科学知識の限界から、合理の枠外にあるようにみえる事柄については、考える力が届かない。

理屈ではつじつまが合わないけれど、直感的には「こうだ」とおもえる時がある。
　ダークグレイのスーツをきっちり着込んだ中年銀行マン。言葉もていねいで、論旨も明快に、新型定期預金の有利さを説く。文句をつける箇所はどこにもないのだが、「この人間から誠意はまったく伝わってこない」と感じる。まとまったお金を任せるには、確固たる信頼がほしい。でないと、安心できない。
　これも一種の信じ方で、自分の直感を、論理的思考より重く見ている。似たようなことだが、あるひとが自分に敵意をもっているというのは、感じて分かるので、具体的な根拠はあげにくいものだ。

　「感じる」ことは思考ではないからといって、そのまま「信じる」ことになるだろうか。そうともいえない。肌寒い、と感じたからといって、気温が下がった、と信じるとはかぎらない。日頃から自分の体感が不安定であると自覚しているひとは自分の感覚を信じていない。

　では、問題解決のために「考える」という行為と「信じる」という行為はどのように噛み合わせるべきなのだろうか。
　考える力を信じつつ、絶対肯定しない状態に保留すれば、常に疑いが残る。それでいいのではないだろうか。

　**疑いを常に残しつつ、信じるしかない部分は信じ、「仮の結論」を抱えながら学び続けるのが人間なのではないか。頭脳の作業が及ぶ限りのことは信じるのではなく考えぬくしかない。**
　「仮の結論」を維持するということは、結論を覆す可能性を残しているというゆとりの存在を意味する。このゆとりが疑いを捨てない強さを生み出す。
　余裕を失ったひとは疑えないのだ。追いつめられたひとは、一刻もはやく信じたいので、その理由を無理に探す。そして虚構の人生に踏み込んでいくのである。

第2章

# 創造のための思考

## 関心・好奇心

「優れた人間にとって、知りたいという欲求は自然なものである」
レオナルド・ダ・ヴィンチ

　ダ・ヴィンチは、常に観察し、疑問を見出し、それに答える説明を徹底してこころみるひとであった。
　彼の観察・発見・設計・デザインなどを記録したノートが残されている。彼の遺言で愛弟子フランチェスコ・メルツィに残された、現存するノートは7,000ページに及ぶ。しかも、ダ・ヴィンチの研究者たちは、おそらくこの倍の量のノートが実際には存在しただろうとみている。

　ダ・ヴィンチは並はずれた好奇心の持ち主であった。また、疑問に対して執拗に追求するねばり強さと、それを支える体力を持ち合わせていたので偉大な発明・発見を数多く残すことが出来たのだ。
　ダ・ヴィンチほど、天才という呼称が似合う人間はいないといえるだろう。
　人体の構造を知りたいと死体の解剖をこころみ、今でいう動脈硬化の症状などをノートに記していたダ・ヴィンチは、事実を探求する科学者と自然界の美を追究する芸術家がひとつに統合されているという希有の人間であった。

　こういう人間の存在を知ってみると、あらためて好奇心が途方もない偉業をなす原動力になっていることに驚かされる。

　好奇心とはなんだろう。
　何かに強く惹かれる心。
　損得の計算などはまったく働かないで純粋に知りたい心。

　小さな虫がゆっくり歩いていく。その光景に釘付けになっている子供の表情は好奇心が満タンになっていることを示している。目が輝いている。意識がまるごと観測装置になっている。

## レオナルド・ダ・ヴィンチの発明品

発射台

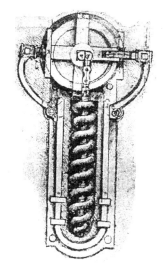

火縄

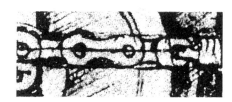

チェーン

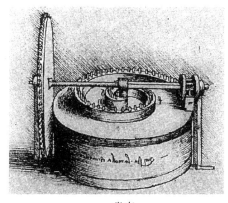

歯車

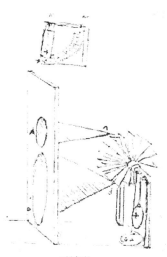

風速計

好奇心が強いほど、対象をしっかり見据える集中度は高まる。この集中度が、深い理解をもたらす決定的な条件となるのである。つまり、好奇心の強さは、結果として得られる理解の深さに比例するような気がする。

　目にするもの、与えられたもので満足しきっていると、創造という未知の世界に積極的に踏み出せない。

　好奇心がひとを動かし、すでに存在する世界の一点に目をとめさせ、それに働きかけようという積極的な力を与えたとき、新たなイメージが生み出される。

　創造への意欲と好奇心が合わさって、ときに、穏やかな市民感情を混乱させるような作品がうみだされる。
「道徳をあざわらう破廉恥なもの。」
「醜悪なもの。」
「法に挑戦するもの。」
「神を冒涜するもの。」
「人間のあらゆる欲望を肯定し、自滅的快楽主義に誘い込むもの。」

　地上に存在する人工物、制度、習慣、思想、科学、芸術などなど、想像しうるすべてのものが、ひとの関心からうまれたといっていいだろう。
　都市や、その近郊で、ぼくたちが、今、見ている世界のほとんどの部分は、関心の結晶がうみだした創作物なのである。
　もともと人工物ではない樹木や石や土も、ひとの関心に応じて、好ましい形態に、好ましい数量だけ使われ、風景の一部を形成しているのである。

　関心が人間の行動を誘導する。関心によって、したいことが見えてきて、それを実現するにはどうすればいいだろうか、と思考が活発に動き出す。

　アメリカ政府の強硬な政治姿勢を批判的に表現したいとおもっているひとりの画家がいる。そんな画想を四六時中頭にかかえていると、どこを歩いていても、星条旗にはめざとく反応するだろう。

虫好きのこどもは、床に落ちている一片の毛糸を虫と見誤ることもあるだろう。過度の関心が「おもいこみ」を強め、事実をゆがめて見せてしまうのだ。しかし、毛糸で虫のオモチャを創作するきっかけが、その「おもいこみ」から得られたとしたら、無意味であったとはいいきれない。

　好奇心や強い関心がひとを揺さぶり、並ならぬおもいに走らせる。
　創造に向けて狂う。
　創造のためではなくても、創造せざるを得ない狂気に向かわせる。

　悪徳の種がいっぱい詰まった箱を開けたパンドラ。箱の中身に好奇心をもった彼女が人類の不幸を地上にもたらしたとするギリシャ神話は好奇心への戒めを語っているのだろうか。
　好奇心が科学や工学を発達させ、とびきり便利なモノをたくさんうみだしたものの、その分、あるいは、それらのもたらした恩恵以上の危険や破壊が地上にもたらされたともいえるかもしれない。

　いま人類は環境の変容に関心を高めている。少なくとも近代においては、十分に意識されてこなかった「環境」という生命存在の場が、われわれを生かしてきてくれたという事実に関心の目を向けなければならなくなってきた。この関心が、新たな次元の幸福実現をもたらしてくれることを期待したい。

## 創造の条件

　無条件ではなにものも存在できない。逆にいえば、存在しているものは、すでに条件を満たしているのである。地球に生息する生物はこの環境条件の下、それぞれの在り方において生存をゆるされている。
　音が耳をつくり、空気が鼻をつくったのである。音がないのなら聴覚は不要だし、空気が存在しないのなら呼吸はしなくてもいいから鼻も肺も生じなかっただろう。

　空想は創造ではない。空想に形なり音なりの現実的条件が加わってはじめて創造が成り立つのである。
　空想は、しかし、創造のはじまりであり、常に創造を支える力でもあることは否定できない。

　**条件は、制限であるが、**制限が創造の方向や性格をかたちづくるのに大きな役割を演じている事実を知れば、**創造を支援する要素でもある、**と分かる。

　狭い土地しか無い。だからお粗末な家しか建てられない、では駄目だ。狭いから土地代が安上がりですむ。省スペースの工夫を徹底して盛り込めば動きの楽な家が建つ。利点に着目し、その点をテコに構想をひろげ、形作る。

　高級紙に多色刷り。金はかかっているが品のないチラシが多い。
　お粗末な紙にモノクロ印刷。そんな条件でつくるチラシなればこそ、基本的な情報を、「美意識」に流されすぎず、きっちりレイアウトするというデザインが求められる。黒一色しか許されない印刷であればこそ、黒の力、黒の表情、黒の個性を徹底的に検証しなければならない。そして、それは可能なはずである。

　条件だけに目を奪われて短絡的に評価を下してはいけない。
　ハンディキャップのあるひとは「気の毒」であり、「不幸」であるという思い込みは視野狭窄である。ひとは誰しも個々に制限を抱えている。
　自立的で積極的な人生をおくっているひとにとっては、心身の制限よりも、

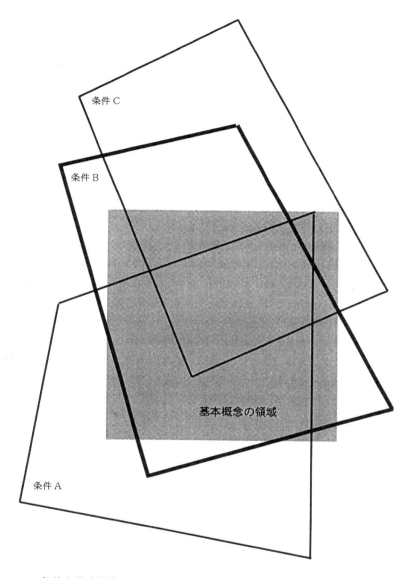

**条件と基本概念**
　「チラシ」という基本概念がある。そこに予算や製作期間やデザイン要素の制限などの条件が加わってくる。これらを取り込んだ結果、ひとつのチラシに現実化するのである。

心身の可能性をさぐることが重要であろう。制限という条件も個性の輝きのひとつなのである。

　**新しいものを生み出す喜びを人類は知っている。この能力は、快楽と共にあるようにおもえる。**楽しむほどに新しいものに思考の手がのびる。
　実質を尊重し自分流に楽しんで生きているひとは、「新しい」喜びを見出す名人である。「人並み」や「流行り」を追いかけるだけの遊び人は三流で、創造的娯楽を知らないのである。
　日本では付和雷同型レジャーが力をもち、付き合いゴルフに代表される主体性なき遊興が支配的なのは創造三流国の証といえるのかもしれない。

　また、反面、**新しいものを手放しに歓迎するのはまちがいである。**
　新しいからといって、それだけでは、必ずしも、有益であるとはいえない。善良な目的をもっているとはかぎらない。安全なものであるとはいえない。
　人類の歴史をふりかえれば、むしろ、動機はわがままで、あからさまの悪意から出た凶悪な発明品が少なくない。
　兵器は出来る限りたくさんの敵を素早く殺傷するための道具である。原爆くらい殺傷力が大きくなってくると、国益、民族益を優先させた脅しの道具でもあるが、実際に使われると、敵も味方もなく、人類全員にその影響が及ぶことになる。こうなれば、自滅の道具、というべきで、「創造が破壊をもたらす」という訳の分からない等式にたどり着くのである。
　つまり、**無知な創造は破壊を生み出す**ということである。これは、どのような領域であれ、創造に関わる者が忘れてはならないことである。

条件を、素材とみて、それらを最大に生かす創造を目指すなら、条件を味方につけることができるのだ。

　デザインや設計においては、与えられた条件を理解することが、そのまま基本構想を構築することになる。だから、不明な条件はきっちり確かめなければならない。

　また、見落としてはならないのは、**条件の融通性**である。つまり、どの程度動かせない条件なのか、という程度（幅）の理解である。

　条件だけを取り出して、それらを固定してしまうと、相手が本当に求めているものを見失う。少々動かせる条件と、動かしがたい条件がある。あげられている条件は当面のもので、真の目的やゴールは表現できていない場合もある。

　本音は見えず、建て前だけが見えるという情況がひんぱんに観察される。バカ正直に建て前だけにそって創造されるたものはクズになる。実は建て前を必要とした利益受益者が陰にいたのだ。日本には、そんなふうにつくられてきた道路やダムや文化施設などがやまほどある。

　純粋美術には条件がないがデザインには条件がつきまとうので表現しにくいとか、売れる商品を強く求められるので出来ることが限られているとか愚痴をいうデザイナーがいる。しかし、条件・制限が多いという仕事こそデザイナーの問題解決能力の真価が問われる最良の機会ではないか。

　何度も繰り返すが、条件を制限とするのではなく、創造の方向と受け取るべきなのだ。

　また、条件がさほどないからといって容易な仕事になるとは限らない。単純な思いつきをそのまま実行に移す場合、高度な表現力が極度にもとめられる。でなければ高度な創造は実現しない。

　例えば、純粋美術の作家が、ほんものの卵をひとつ取り出して、ピカピカに磨いてやろうと考えた。実に単純な条件しかないようにみえる。が、卵は磨く対象としてはやっかいなものである。この物体をただ「磨く」という行為に集約した結果、それを支える技術や情報は要求水準の高いものになったのである。

望まれない事態としての戦争が、すぐれた芸術表現を生み出す条件を与えた事例はたくさんある。貧困が互助をうみ、弾圧が寡黙な愛を育てることだってある。
　だから不幸な条件が必要だというのではない。愚かな戦争を正当化しようとする愚かな人間がいっこうに減らないのは事実である。富と権威への欲求は自己破壊への道でしかないのに。あくまで、創造を考える立場からみて、どのような情況も創造の条件をあたえうるという事実を確認しておきたいだけである。

　ふにゃふにゃのチキンをかじりながら「おもしろいことない？」とこぼす若者が脳天気な日記を書き残しても出版界の編集者の目にとまることはないだろう。
　言論弾圧国家に生きる若者が、その苦痛をノートに記して、見ず知らずの旅人に手渡した。そのノートの情報的価値は小さくない。

　痴毛も性器も見せた。露出するものはみんな露出し尽くした。ついに美女のＸ線写真ヌードやＤＮＡの暴露しかなくなった。しかし、それでは性的興奮はえられない。
　ならばやはり、もう一度、原点に戻りたい。ヌードの美、なまめかしい肢体の動きに戻したい。そこで、皮膚だけが問題だったのか、という条件認識が確認される。ＤＮＡにエロスは宿っていないのだから。

　自分の置かれている場を、あっさり受けいれよう。自分の行動を、評価しないで、鑑賞しよう。自分の美へのあこがれを、まっすぐに愛でよう。
　条件は、自分の背中を押して行動にかりたててくれる。大海のヨットをうごかす追い風なのだ。そもそも、**自分自身、条件そのものが形になった生き物ではないか。**

## 創造の始動

　山から切り出されたばかりの大理石の塊をみて、ミケランジェロは、「この石にモーゼがいる」といった、といわれている。石を削ってみるまでもなく、彼には、滑らかに仕上げられたモーゼ像がみえたのだろう。それ以外のものになってはいけない石だったのだ。

　創造がどのように始まるか。それは多様というしかない。地域によって日の出の光景が違うように。

　創作のテーマがみつかった、あるいは、テーマが与えられた。創作活動が具体的に始動する。これは、格闘技にたとえれば、対戦相手が決まったということだ。
　やる気が充実してきた、体が行動を起こしたがっている。はやる心から、早速、テーマについて文献をあたろうと、図書館や書店に飛んで行く前に、ちょっと一服してみよう。自分を「まあ、まあ」といってなだめて無為の時に遊ぼう。しゃれた儀式に興じてみるのもいい。

　だれかにもらったコーヒー豆なんかが食品棚の隅にでも残っていたら、ゆっくり粉にひいてみよう。自分の手のやっている仕事に信頼をおけば、すべてうまくいきそうな予感が強まるだろう。

　高橋源一郎も、「小説を書くために必要な最初の鍵」として「なにもはじまっていないこと、小説がまだ書かれていないことをじっくり楽しもう」といっている。(『一億三千万人のための小説教室』岩波新書)

　コーヒーの香りがすっかり部屋を満たすころ、あなたの頭の中をそっと覗いてみよう。これから取り組む仕事のことで、あなたがすでに知っている事柄や即座に思いつくアイデアを、それらが自然に浮かび上がってくるままに、ひとつひとつ点検してみよう。思い出の甘い時間を散策するのと同じ気分で、こころの赴くままに。

## すでに知っていることを思い出す

　あなたの中に蓄えられたものは、とても重要な意味をもつものとおもう。それらは、あなたによって厳しく選ばれ、時間に押し流されずに、しっかり残ったものだから。

　「こころは、自己の内部にある知恵を置き去りにしたまま、常に外部の知識を求める」　ラマナ・マハリシ

　確かに、「外部の知識」に、ひとは振り回されている。何かを知りたい、という欲求が生まれてきたとき、まず、本当に自分はそのことを知らないんだろうかと自問すべきではないだろうか。

　「内部にある知恵」の知っていることは、ただの知識とは違う。
　知識は可算名詞だが、知恵は不可算名詞だ。つまり、**知識は物だが、知恵は物ではない。**
　知識は数えられるから、情報として機械的に処理できる。しかし、知恵は本来数えられないから数量で計測できない性質のものである。
　知恵について、「正しさ」を問題にすることはできない。正誤に二分できる性質のものではない。
　こどもが満月をみて、「お皿みたい」といった。そのとき、親は、「お月さんは、お皿のように平ったくないの。野球のボールのようなかたちなのよ」と正さなければならないのだろうか。この正しさは、知恵のものではない。こどもの中にある「皿のような月」は、それ自体固有の存在感をもった、独自の「月」なのである。それは、こどもにとって一つの事実である。自分にとっての事実は、そのままで十分な意味をもっている。ひとつの実感がちゃんと在るというのなら、その感じを素直に認めておこうではないか。

　情報社会は、知識を尊重する社会である。そこでは「正しさ」や「最新データ」や「有益性」が優先されるが、知恵のもつ原始的な生命力は、陰になって見失いやすい。物でしかない情報は存在の確認はしやすいが、知恵は、内的世界で常に語られていても、あなたが注意深くないと見いだしにくい。

## 「アイデア」とは

　この語は、ギリシャ語のイデアから来ている。「純粋理性によって見られた真実在の姿、形」という意味らしい。真実在というのは、現象の背後にある本体、つまり、通常の感覚や理性ではとらえられない本質、と言い換えられるだろう。
　いま、日常使われるアイデアという語には、そんな重みはない。プラトンが聞いたらあきれるだろうけれど、ちょっとした思い付き、というレベルから、金儲けにつながる画期的な発想というレベルまで、広がっている。
　「画期的」といっても、決して本質を洞察するほどの高貴さはなく、現象世界、欲望充足世界における"目玉商品"の着想くらいなものである。

　現実的な立場から、この語を再規定しておこう。アイデアとは、**想念である。思い付きである**。特別な思い付きではない。ただの思い付きである。
　思い付きはすべてアイデアである。役に立つ立たないは問題ではない。このように認識してもらった上で話をすすめる。

　　　　　アイデア　≠　「風変わり」
　　　　　　　　　　≠　「ユニーク」
　　　　　　　　　　≠　「画期的」

　たくさんアイデアを出そう、というとき、とにかくおもいついたものすべてがアイデアなのである。

　アイデアという語に価値評価を持ち込んでしまうと、余程素晴らしい思い付きとか、画期的な考えしか「アイデア」と呼べなくなって、難産になる。
　ぼくは、この状況をアイデア病と呼ぶ。より厳密には**アイデア過剰評価病**である。
　創造のために考えるのなら、とにかくアイデアをたくさん出すことが先決である。出す前に、「いいのはないか」と評価を気にしてはいけない。出す行為、メモする行為が何よりも尊重されるべきである。

「ユニークなアイデア」などとユニークを軽々しく使うが、この語は唯一絶対という意味なので、そんなもの一生に一度だってお目にかかれないだろう。そんなとんでもない希有なものを求めるより、ありふれたアイデアであっても、そのアイデアをどう活用するかがずっと重要なのである。

すでに懐中電灯という商品はある。しかし、その電灯をおもいきり小さくしてキー・ホルダーに付ければ随分便利な道具になる。「ユニークなアイデア」ではないが、暗やみで鍵穴をさがすという苦労は解消する。これでアイデアはうまく活用された。

黒沢明の『七人の侍』を西洋活劇の世界に移植してマカロニ・ウエスタンがうまれたことはよく知られている。これも、シナリオのエッセンスをアイデアとして和物を洋物に脚色変換した例である。

まあ便利！と飛びついて買ったものの、意外と役に立たず、そのうちどこかにしまわれてしまう商品がある。俗にアイデア商品と呼ばれている。

「おもしろいことを考えよう」とか「驚かしてやろう」という気持ちは、新しいものを生み出す原動力になる。しかし、人間というものは珍奇なことに対しては、一時的には驚いても、長続きしない。

非常に特異な事件を扱う文学でも、特異性だけであれば読者を意図通り作品の世界に引き寄せることはできないだろう。読者自身との類似性、あるいは並な人間が共有しているかとおもえる普遍性の部分において共鳴できないと寿命の長い感動はうまれない。

猟奇的な装いをもった事件が起こった、とする。「特殊な犯罪」であり「異常性格者の狂気」であると簡単に片づけられるなら、ひとの関心は長く持たないだろう。健全な市民であるだれもが日常に感じている「アブナイ自分」や「アブナイ隣人」を犯人に重ねて見出すとき、その事件は真に深刻な興味の対象になってくる。

## アイデアを出す方法

　かたい頭だと駄目。柔軟な心をもたないと駄目。知識が多くないと駄目。たくさんの'駄目'を克服しないといいアイデアは出てこない、という認識が、ほぼ創造に関わる業界人の間では常識になっているようだ。
　コピーライターとかデザイナーとかディレクターとかコンセプターとかプロモーターとかのカタカナ職業人は、そういう常識の中で苦闘しているのである。
　もちろん、こういうカタカナ系知識労働者だけが、アイデアの出し方にやっきになっているのではない。
　分子生物学の研究者も気象庁の予報官も、検事や弁護士もいいアイデアを求めている。主婦は収納のアイデアを求め、学生は記憶を保つ方法のアイデアを欲している。

　すでに述べたようにアイデアとは気まぐれな思い付きである。所詮頭に浮かんだ戯れ事にすぎない。「アイデアを出す」という行為を重く見すぎてはいけない。
　間違ったことを言ってはいけない、余程ひとを感動させることしか口にすべきではないとなると、何も言えなくなる。ただのアイデアではない、いいアイデアだ、画期的アイデアだ、と力むと、ペンを握った手に汗は出るだろうが、アイデアは出ない。

　要は、**頭を柔軟にする**ことにつきる。
　甘味が足らないと気付いたら、砂糖を加える。それくらいは即座に対処できる。しかし、どうすればいいか考えてみようという段になって、即座に頭を柔軟にする手はない。

　**日々の過し方が問われる。**
　「寝過ごした！」、「電話連絡をうっかり忘れていた」、「昨日作った棚が傾いている」、「こどもの学校選びはどうするか」、「月末までお金がもたない。どこで借りるか」などなど、頭脳に決断、解決が求められる。

どんな穏やかな生活の中においてでも、答を出さなければならない問題が次々と生じる。どんな場合もいくつかの選択肢が考えられるだろうが、「まあこれかな」と選び取った答によってぼくたちの生き方が定められていくのである。

## 思いつきを記録する

　突然、とんでもない考えが出てきたり、過去の一場面が思い出されたりする。それらは、非常に存在感が薄く、あっという間に消えてしまう。その時、その場で素早くメモがとれる工夫をこころがけたい。
　おもいつくものが何でも重要というわけではない。それどころか、「素晴らしいアイデアだ！」と、その時は手応えがあったのに、後で読み返してみると、「つまらない戯言（たわごと）」と判明する場合の方が多い。それでも、ひとまず、記録しておく。捨てるのは後で容易に出来るが、思い出すのは一苦労だから。
　何に役に立つかわからなくても、気になる思いつきは書き留める。メモを素早く書き留められるようになると、不思議と、思いつくことが増えてくる。頭脳内の「監視カメラ」の精度が高まり、かすかな思いつきを見逃さなくなるといった感じだ。

　メモは仕事の能率も上げる。報告書を書くときなども、さあ書こうとおもってゼロから始めるよりも、すでにある程度のメモがたまっていて、欠かせない事項が押さえられている方が仕事が速くすすむ。
　さて、メモの方法は、パソコンか、紙か、という選択が問題になる。
　ポケットに入る小型パソコンを持ち歩いているひとや携帯のメモリーを利用するひとが増えている。デジタル情報に一元的にまとめるシステム志向の方は、それがベストだろう。
　ぼくは、メモという目的には Post-it を一番多く利用している。絵を含んだ思いつきを好きな所に貼れる。スケジュール帳に仮約束や仮計画、進行中の仕事を貼り込んでおくと、現在かかえている全用件が一目瞭然になる。推敲中の文章を持ち歩いているときにも、Post-it に納めどころの未だ定まらない文の断片を書き留めておくのは便利だ。
　Post-it に書いた多数の思いつきを幾つかのグループに分けて考えているうちに別のグループに移した方がいいと気づけば直ちに移せる。グループの発想を変えて、すべての思いつきを全く別のくくり方に転換する場合でも、貼り直しがきくのでありがたい。

パソコンのモニターがかなり大きくても、たくさんのメモを一覧するという作業には向いていない。市販のアウトライン・プロセッサーなどのソフトも、プレゼンテーション用にはいいが、思考作業においては Post-it にはかなわない。大きなテーブルを数名で取り囲んで、議論しながら Post-it を並べ替える作業は、複数の意識が一つの目的に束ねられていく快感をもたらすものである。

　メモの構文のほとんどは「A = B」（AはBである）あるいは「A → B」（AがBになる）の型になる。このイコールと矢印を中心に、自分なりに略号を用意しておけば、論理的な記述が素早く書き留められる。

```
□うまくいっている：    ↑
□まずくなっている：    ↓
□〜と違う：    ≠
□〜と深い関係にある：――――
□〜と遠い関係がある：・・・・
□例えば： ex.
□参照せよ：cf.
□故に（結局）：∴
□なぜなら：    ∵
□とてもよい：    ◎
□だめ：    ×
□注目！：☆
□手紙：    〒
□電話：    T
□ファックス： F
□山田さんに会う：  M/ 山田
□7月1日締切：    E(7/1)
```

## 創造的解決

　一本のネジがはずれてタオルハンガーがつかえなくなった。問題発生である。そのネジが見つからないにしろ、同じネジをさがしてくれば解決だから、単純な問題である。
　こういう問題でも、事情があって、今すぐなんとかしないといけない、店にネジを買いに行っている時間がない、といった条件下で解決しなければならないとなると頭をつかわなければならない。
　家の中にぴったりのネジがみつからない場合、どうするか。似たネジで代用がきくものをさがせばよい。
　ネジではぴったりのものが見つからない場合はどうするか。針金か竹串でなんとかならないか。壁の材料や表面仕上げによれば接着剤、あるいはガムテープが使えるかもしれない。

　機能的に問題が解決できても、この場合、タオルを掛けてもハンガーが落ちないという条件が満たされていればいいということだが、見た目に耐えられないほど醜いとなると、解決できた、とはいえない。
　醜いものを美しいものに変えるのも解決なのである。しかし、美的基準には相当な幅がある。ネジの頭がそろってないだけでも「見苦しい」と主張するひともいるだろうし、「タオルが落ちなければなんだってOK」という無頓着なひともいるだろう。
　つまり、「解決」にも幅があるということである。
　これしかないという絶対唯一の解決案は人間業を超えている。そのような解決案を真理と呼ぶのだろう。哲学も、科学も、宗教も、芸術も、真理を追求している。それに向かっていく営みである。
　個人にしてみれば、どの程度の解決案に「よしこれでいい」と納得するか、である。

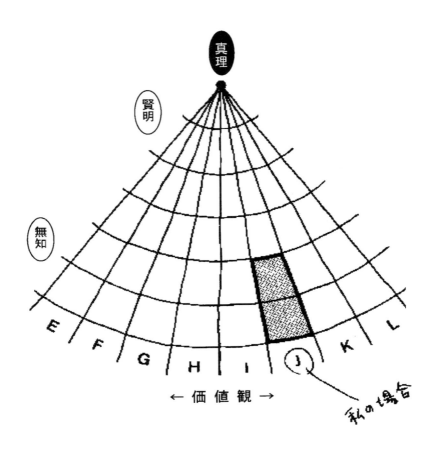

## 真理に向かって

ひとは、それぞれの持っている知識、体験、価値観、感覚などによって「正しいもの」を模索している。選んだ道の違いはあっても、その道を究めれば行き着くところは真理という一点になるはずである。

とはいえ、真理を自覚的に目指しているひとは希だ。現実の場面では、まず違いが問題になり、その時々の状況で、相対的な解決の選択が課題になる。

## 「やわらかい頭」をつくる

　創造的頭脳、つまり「やわらかい頭」をつくるにはどうすればいいのか。それには、日ごろの取り組みが大事である。あなたの暮らし方、生き方、そのものが問題になる。
　ここでは、「やわらかい頭」づくりの**障害**になる要因をとりあげ、併せて、その対策を考えてみたい。

□**不備、不便を感じにくい**
　感覚が鈍くなっている。問題発見能力がない。
　【対策】他人の「あら探し」に喜びを見出す必要はないが、万事に「ここがいけない」と問題箇所を発見するのは悪い趣味ではない。

□**融通性がない**
　考えがパターン化している。固定観念に支配されがち。
　【対策】考える世界は無法地帯の方がいい。わがままも極悪犯罪も許されている、と自分だけで納得しておこう。

□**謙虚でない**
　自分にも間違いがありうるという認識がないと自己修正や他人の考えを取り入れることができない。
　【対策】他人はみんな地球人の皮膚をかぶった異星人とおもっていれば、かれらの考えを聞いてみるのもおもしろくなる。

□**人間関係が固定的、同種的**
　同意してくれる、趣味が合う、知的水準が近い、という仲間と過ごすのは心地よいが、自分の世界が広がらない。刺激が少なく、進歩しない。
　【対策】異種交配は刺激的で、あなたの「習慣」や「常識」や「当然」をぶちこわすのに有効だ。噛み合わない人間とも時には（がまんしてでも）交わろう。

□ **緊張している**
　心身が硬直していると発想も硬直する。反応が機械的で、用意した考えでしか事態に対応できない。
　【対策】身体をほぐすことが第一。ジョギング・ヨガ・水泳など、何でもいいから少なくとも一つくらいは身体訓練法を自分のものにする。所詮人生は死ぬまでの短距離レース。好きなように生きよう。

□ **弱気である**
　過信も困るが、自信がない人間は「批判の少ない」意見をもちたがるために、おもいきったことが考えられない。行動も臆病になる。
　【対策】強気になる。といってもいきなりは無理だろうが、他人を巻き込まない所で、時に「我がままに振舞う」練習を。

□ **自立心、独立心がない**
　弱気では自立できない。加えて、ひとやモノへの依存が強いと、隷属を好む人間になる。借り物で頭が一杯になり、思考は硬直する。
　【対策】人間は多様なのだ。背丈だけでも１メートルをかろうじて超える人から２メートルを大きく上回る人までいる。誰もが金持ちになりたがっているわけでもないし、長生きを望んでいるわけでもない。
　事実を、ひとつひとつ自分の目と耳と口で感じとり、自己流の辞書をつくっていこう。ひとは、自立すればするほど自由になる。

## 頭脳地図　BRAIN MAP

　頭脳は、自然な運動にまかせていると、自由気ままに連想できる性質をもっている。
　「花」を考えると、「花見」の光景を想い、「花ござに座り込んだ家族」や「口論する人間」が浮かんできて、そこから、いつも口うるさい「Y先生」を思い出す、といった調子である。拡散的に働くのである。

　また、ひんぱんに、連想という連関もなく、唐突に、あるいは断片的にイメージや考えが生じてくる。
　きっちり整合性のある言葉を取り出し、文法というルールにのっとって並べるという仕事は、実は頭脳にとって最も不得意な作業なのである。
　多くのひとが、「自分の頭はうまく働かない。気まぐれなことばかり浮かんできてどうしようもない」と嘆くのだが、頭脳とはそういうものなのである。

　拡散的な動きの反対は、統合的な動きである。文法に正確に文章を書いたり、しゃべったり、混沌とした世界の有り様をある観点から幾つかの要点に集約する仕事などがこれにあたる。頭脳にとって、これはかなり抵抗の大きい活動なのだが、世間では、皮肉にもこの種の仕事の評価が高い。そのため、ひとは無理して頭を不自然に酷使することになる。

　物理学者ニールス・ボーアは、「**君達は考えているのではない。ただ論理的であろうとしているだけだ。**」と、学生に諭したといわれる。これは、とても本質的な指摘である。
　この種の問題は考えるより事実の観察で容易に片が付く。拡散的な思考の自然な運動を体験してみれば直ちに了解できる。頭脳の動きにのって気持ちよく遊ぶ作業をやってみよう。

　考えるテーマをひとつ決める。「音楽」としよう。この語を、用紙の中心に描かれた円の中に書き込む。後は、その語からおもいつく概念を次々に書き出していく。樹木の枝のように線を伸ばしていき、その線上におもいついたことを書き出す。この時、出てくる言葉を否定的にみすぎない。出るに任せる。

**頭脳の自然な運動**

頭脳は、考えをまとめるのは苦手で、好き勝手なことを連想するのが得意なのである。
「あれこれ」の思いつきを拡散的思考、次々とつながる思いつきを連想的思考と呼ぼう。

□ 拡散的思考（放射型）：A→B→C→D

□ 連想的思考（連続線型）：D→D-2→D-3→D-4→D-5

「宇宙」を頭脳地図で考える課題

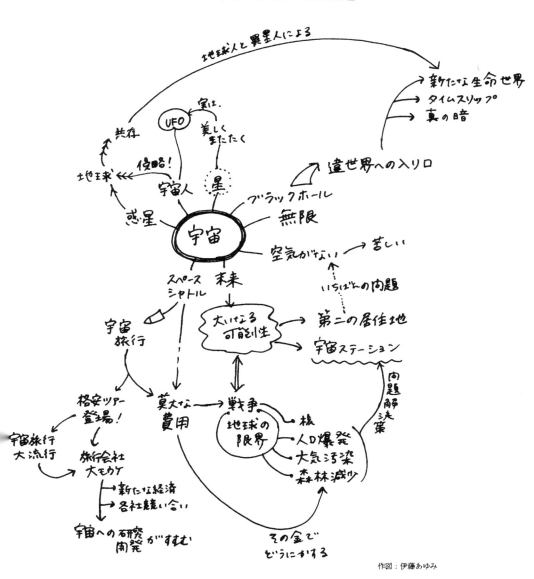

作図：伊藤あゆみ

## 頭脳地図で「考え」をまとめる

　アイデアを出すのと方向は逆になるが、頭脳地図を利用して理解を深めるために、情報を整理することもできる。

　ひとの話を聞いてノートにメモを取る場合も頭脳地図でまとめながら書くと整理しながら記録できる。
　通常のノートの書き方だと、横書き派ならノートの上から下、縦書き派なら右から左に、話の順にそって書き取っていくのがふつうだろう。テープレコーダーと同じで、現実の時間の流れに従って記録していくわけだ。
　こういう書き方でつくられたノートは、どれだけきっちりと記録されていても、後で見返す際、必要箇所を見つけるのに苦労する。また、その時の話は要するに「何がいいたいのか」という内容の総括ができていないので情報としても散漫なものになっている。

　そこで、ぼくは次のようなノートの取り方をすすめたい。
　（話の）テーマを円の中心に書き込み、同じ（近い）内容ごとに枝をまとめて記述していくのである。
　また、枝の描き方に工夫を加える。実線以外に、関係の薄いつながりは破線をつかうとか、中間は省略しながらも関係づけられる事柄は曲線の破線にするとか、適当な描き分け方を考案する。
　等号（＝）で共通項を結んだり、註釈を付けたり、絵や色分けによって「まとまり」を鮮明にするのも効果的だとおもう。

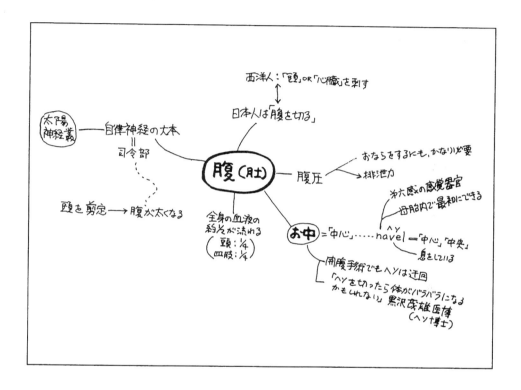

まとめるための頭脳地図

身体の一部の「腹」について、知られていること、思いつくことをまとめて表現してみた。生理的な機能に加え、日本の生活文化において培われてきた「腹」の意味づけも興味深い。

# でたらめ度

「でたらめ」な人間は親からも先生からも評判が悪い。そこで、だれもが、小さい頃から、「でたらめ」にならないように行動してきたはずだ。だからこそ、周囲の大人に反抗の意思を示したいときには、「でたらめ」に振る舞えばいいのだった。

散らかっているより、片づいている方がほめられる。無計画よりも、きっちり計画的に事にあたるひとの方が信頼される。

創造の世界では、多分に、そこがひっくり返る。ひっくりかえさないと、新しい存在感、価値感が出せない。

**柔軟な頭とは、乱暴にいえば、「でたらめ」に考えられる頭のことである。**
優等生には無理なことだ。「でたらめ」が評価されるのは芸術の世界とヤクザの世界くらいかもしれない。といっても、芸術でもやくざでも、お行儀のいい世間とは全く別の掟が存在するから、無意味な混乱や無だけが求められているわけではない。

「うまい絵」が描きたいと悩んでいる美大生に、「もっとも下手な絵を描く」という課題を出したことがある。みんな、日頃以上に悩んでしまった。「うまい絵」の対極にあるものを探す。というのは実は、「うまい絵」の認識の確認でもあるのだ。最高度の「でたらめ」を目標にかかげたわけだが、それだけでは目標が形をなさないで、手のつけようがないのだ。

節度ある「でたらめ」を育成する単純な訓練をひとつ紹介しよう。
乱数表づくりである。乱数というのは、全く規則性を持たない数字の列である。それでいて「全体としては数字の出現度数が等しくなっている。」(『新明解国語辞典・第5版』)

0から9までの10種のアラビア数字がまんべんなく並ぶように、猛スピードで書き出す。例えば1分とか3分とか、時間を限って、可能な限りたくさんの数字を書き出すのである。

ぼくが授業をもっている芸術系大学で実際に学生達にやってもらうと、1分間で30がやっとの者から120を超える者まで大きな差が出る。

この演習をやり終えて感想を書いてもらうと、「でたらめ」も楽じゃないのが分った、と苦労をおもい知った意見が多く出てくる。頭脳はある程度の「まとまり」を認めたいかのように働き、「でたらめ」への暴走を許さないのである。１０桁を超える数字を覚えるのに、３桁あるいは４桁で区切った方がうまくいくことはよく知られているが、「でたらめ」はその逆現象である。

「０の次には自分の携帯電話の番号がすぐ出てくる」。
「４が極端に少なかったのは死の連想を避けるせいだろうか」。

　０から９までの数字、と聞いたときに、ひとつの長尺状のモノ（固体）が想像され、その両端に０と９が位置する、と考えがちである。この連想力の仕業に縛られていると０と９が少なくなり、１から８を中心に数字を拾い出し、時々０や９を挿入するという思考パターンになる。演習の結果をみても、００と９９の連続は非常にまれにしかみられないのも「長尺状のモノ」イメージの影響であろう。

　また、あまりにも慎重に「でたらめ」を目指したひとは、スピードが出ない。１分間の「練習」と３分間の「本番」を比較しても、慎重派は、１分間の総数と３分間の総数に大差がないのである。

　このゲームは、遊びの域を大きく出るものではない。それでも、思考の動きの幅を広げる基礎トレーニングのひとつにはなるだろう。やりなれてないと３分間でも、頭が疲れるが、その後に、身体運動後の壮快感と同じ快感があじわえる。

### 乱数表

数字が不規則に並ぶ表。全体として数字の出現率が等しいので任意に標本を抽出する調査などに利用される。

14434302114170617568348584314485123543603264737407756342766253476108835737317871302528835546364863810748157458807478522513221734024657526607330608552724146230632352538288576122333385256850601151414434302114170617568348584314485123543603264737407756342766253476108835737317871302528835546364863810748157458807478522513221734024657526607330608552724146231162357205819666540211013611228756463513973828995148191525789158674152713205775321230368831619234512163203235253828857612233338

### でたらめ関数の3分間の演習結果

 芸術系大学の学生に「でたらめ関数」の演習をやってもらった。1分間の練習を体験後、3分間の演習を実施した。その結果から3人の学生の例を下に示す。
 Aさんはスピードはあったが、最多数字（0）と最少数字（7）の開きが大きい。一方、Cさんは総数は伸びなかったが数字によるばらつきは小さい。

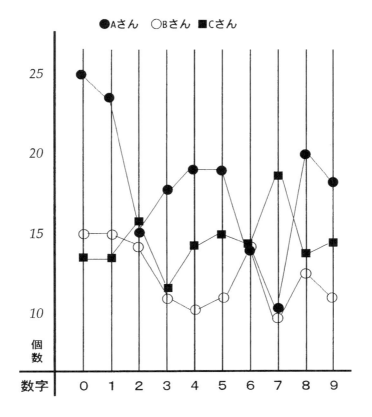

## カード式創造ゲーム

　ノートのページを開く。空白だけがひろがっている。あなたは、まだ抱えている課題に対して、そのスペースを埋めるほどまとまったことは書けない。紙の束であるノートは、その存在自体が威圧的である。気まぐれを許してくれそうにおもえない。
　そんなとき、小さなカードを使ってみよう。1枚のカードにひとつの思いつきを書き込むだけ。まとめる必要はない。ダメなカードは残す必要もない。だから気が楽だ。
　サイズは各自の好みで決めればいいが、小さい方が構えなくてすむ。ぼくの感覚では、A5よりは大きくならない方がいいとおもう。

　集団でひとつの課題に取り組むときにカードを利用すると、簡単に多数のアイデアが集められる。話し合うより能率がいい。しゃべるよりも書き込む方が心理的負担も小さく手っ取り早い。

　「世代を超えて楽しんでもらえる町内会新聞の編集・発行」が課題だとする。
　10代から80代の住民をそろえて集め、アイデアをカードに書き込んでもらおう。どんな種類のアイデアでもいい。「小さい紙面の方がカワイイ！」「写真の好きな住民に常に投稿してもらうページをつくろう」「町内の喫茶店に置いてもらって町外のひとにも読んでもらいたい」などなど。
　数十枚のカードがたまったら、似た概念のカードを集めてグループをつくってみる。これを見つめていて、また新たな考えが浮かんできたら、新しいカードに書き込む。
　グループ分けしてみると、欠けているグループの存在に気づくだろう。そこで、新たに増やしたいグループを代表するカード（新しいアイデアの方向）をつくる。例えば、「外に出にくい高齢者のための企画」といったもの。
　グループごとにテーマや目的にそって、ひとつの名称をつければ、一層グループの性格がはっきり定まる。
　こうしてうまれたカードの集合体は、**データベース**とよんでいいだろう。個々のアイデアや、グループとして集約された共通の概念などが、創造のための資源として大いに活用できるからである。

**カード式創造ゲームの利点を整理しておこう。**

1. バラバラなのがカードの特徴。ひとつのアイデアが１枚のカードに記されている、という独立性を生かして、**「組み合わせ」**が自在にできる。偶然も含め、「組合せ」の結果が既存の壁を破る手掛かりになるかもしれない。
2. 目的にそって類似したカードを集めれば、その領域での**考察が深められる**。
3. 任意にカードを２枚以上取り上げて、強引にそれらの**共通項**を探り出す。関係の薄い（遠い）ものの間に緊密な関係を発見できれば飛躍したアイデアが得られる。
4. 思いつきを書くという単純な方法だから**多数のひとが参加しやすいので多様なアイデアを集めやすい**。

創造は、基本として、「異質」の中に「類似」を発見する能力を必要とするのである。つまり、意外なものを組み合わせて新たな価値を生みださなければならないのである。

洗濯ばさみとローラースケートを合体させて、乾いた衣服を引っ張っぱって取れる新型洗濯ばさみを考案したのは主婦である。噴霧器の原理をパソコンのプリンター・ヘッドに利用したのはメーカーの技術者である。ある業界で当然な技術も他の業界に持ち込むと「新しい」ものになり、うまくいくと「革命的な」解決をもたらす。

---

同質のデータの集合は、真実性はあるが独創性は弱い。
異質のデータの集合は、独創性はあるが真実性は弱い。

---

この法則を人間関係にあてはめると、職業・趣味・志向の違う友人を幅広くもったひとは、異質の情報を集めやすいので、狭い、同質的な友人関係に甘んじているひとよりも創造的な思考が自然に身につくといえるだろう。ぼくの実感でも、それはほぼ当たっているようにおもう。

本屋のビジネス・コーナーに行けばわかるが、発案者のイニシャルなどから命名された「〇〇法」とか「××式」のカード式発想法指南書をかなり目にする。
　とりわけKJ法＊は、代表的な方法で、実践者も多いかとおもう。普及率はナンバーワンかもしれないが、これがこの種の発想法で一番優れていると推奨する理由を、ぼくはもちあわせてない。「遊べる」ゲームではあり、「筋をとおす」にはいいが、方法自体をかなり強く意識していないといけないので、発想が「飛び跳ねる」「外れる」という方向で結果を求めたいひとや場面では向いていないとおもう。


　＊文化人類学者川喜多二郎が考案した創造的な問題解決技法。
　少人数で、テーマにそって自由に議論をし、出てきたアイディアや調査情報、実験データなどを、1枚ずつ小さなカードに書き込む。この結果得られたカードの中から近い感じがするものを集めてグループ化する。作業としては、小グループから中グループ、大グループへとカードをまとめ、適切な名称（意味づけ）をつける。こうして、テーマに対する概念地図をつくりあげる。

## 創造のためのキー・ワード

　前章でもキー・ワードを取り上げたが創造の思考という観点から、再度その働きを考えてみたい。

　「要するに何なの」と情報を分りやすく煮詰めたい場合がある。たくさん言葉をつかえばよく分ってもらえるとは限らない。出来れば、簡潔に、明瞭に内容を表現したい。
　何万字の小説を百字に要約してもらうとありがたい、という要求も、忙しい読者から出る。もちろん、文学を鑑賞するなどという水準の目的ではなく、どんな話なのか、かいつまんで知りたいだけなら、百字でも十分かもしれない。
　最も過激な要約がキー・ワードだろう。
　新約聖書のキー・ワードは何か。「愛」と「罪」と「ゆるし」の３語だ、というひとがいる。この３語について的確に説明してもらえば、聖書の真髄がかなり呑み込めたと考えてもいい。少なくとも、ぼくはそうおもう。
　聖書を３語に要約するとは呆れるほど乱暴だ、と承伏できない方には、昨夜友人に宛てて書いた手紙の内容を３つのキー・ワードで説明してもらうというのはどうだろう。こういう要約力のうまいひとは、仕事が速いし話がわかりやすい。

　探し出したり、説明したりするのに便利なキー・ワードを、能動的な思考、つまり「産み出す」ためにどう活用できるだろうか。「文脈上」刺激的に働くキー・ワードが、単なる意味の世界にとどまらず、生活や社会の変革に力を貸すこともある。
　特殊な世界の言葉、特定分野の専門家や独自の文化をもった民族が使う言葉などを、自分たちの慣れ親しんだ表現世界に持ち込んで、**文脈上新しい概念を生み出すという方法**がある。
　例えば、「パラサイト」。本来動植物の寄生を意味する言葉だが、山田昌弘は、親に寄生する独身者を「パラサイト・シングル」と名付けた。親と同居する未婚者の意識を生物学的色づけで揶揄したのが受けて流行語にまでなった。
　外国のテロリストが民族闘争のために自己を犠牲に敵陣に突っ込んでゆく行為を「カミカゼ」と呼んでいる。

もうひとつは、非常に積極的な利用法である。**未だ存在しない現実なのだが、新しいキー・ワードの創造によって、現実をその意味する方向に変質・転換するのに到達イメージとして利用する**のである。
　「民主主義」という言葉を知ってはじめて、ひとはそれが「我が国」には無い概念だと気づく。そして、それを社会に求める動きが出てくる。
　「セクハラ」は以前から日本にもあったが、ある程度はしょうがないことで、我慢するのが社会的に成熟したオトナの態度であるという、一方的にオトコ側の論理を押しつけて、「泣き寝入り当然」の認識が支配的であったとおもう。この語がアメリカから入ってきて、「それはセクハラよ」と問題の指摘が簡単になった。そして、それに伴い、隠蔽され抑圧されていた事実が明るみに出され、あらためて、この社会の質が検討される機会を増やしてきたのだ。
　時代のキー・ワードは、民衆の支持が不可欠だが、マスコミにつくられていくという面が強い。マスコミを利用する企業は、自社の商品にからんだキー・ワードを流布(るふ)し、売上増をねらう。

　創造理論研究家として世界的に知られるデボノ博士は、YESでもNOでもないときに、PO(ポー)と答えようと提案した。思考に新しい道具を発明しようとした。
　曖昧な笑みと返答で国際的に評判の悪い日本人には、特に役立つ表現かもしれないが、未だPOは世界に広がる気配すら無い。また、「不立文字(ふりゅうもんじ)」の禅を培ってきた文化風土においては、「PO？所詮、分析（断片化）好きの西洋人の発想にすぎない」、と冷ややかな反応にさらされるのも当然か。
　また、前章でも少しふれたが、自然科学や社会科学の世界でも、「エントロピー」「複雑系」「学校化」などと次々に現象を読み解く手がかりとなるコトバを構想し、それが現実の十分な説明になっているかを検証していくことで真相に近づこうとしているのである。

　キー・ワードの創造は、新しい指標、つまり新しい世界（物・技術・思想などを内容とする）のあるべき姿を記した看板をつくりだす行為なのである。
　だれにも馴染みの薄い名称が看板に書かれていても、その意味を「ああでもないこうでもない」と詮索していくうちに、知らぬ間に、未知の領域に入り込んでいく。この思考の運動自体が創造的力となっていくのである。

また反対に、ごくふつうの言葉が、特別な認識の枠内で、新しい意味をもつ場合もある。
　数理哲学者アルフレッド・ノース・ホワイトヘッドが世界の構成実質（＝成り立ち）を示す要素として使った「事件」という語は、この典型例のひとつである。
　それは、毎日のメディア報道で耳目に飛び込んでくる残忍な殺人事件や、拝金主義の政治家が絡んだ収賄事件などとは意味するところが大きく異なっている。
　ホワイトヘッドは、この世界をひとつの生物体として捉える。「事件」という現象が、モノとしてあるのではなく、有機的につながった個々の人間に「流れ込む」（flow into）結果として感覚的に知覚される、という興味深い見方をしているのである。
　よく分からない？
　でも、ここで、ホワイトヘッドのいう厄介な「事件」の意味を分かろうとする努力が、あなたに「出来あがった」思考パターンを混乱させ、少なくとも、安定した見解を崩すのには役立つだろう。
　それは、いいことだとおもう。

## 創造を刺激するキー・ワード

□アプロプリエーション appropriation（転用、流用、盗用）
　現代美術用語で、制作にあたって、既存の作品の要素を積極的に活用すること。「活用」といえば悪い事じゃない感覚。が、「盗用」となると犯罪行為になる。実の所、考えていることや喋っていることのほとんどが「借り物」であり「盗品」である。その自覚がないから、いい加減に「自分らしさ」などといえるのだろう。

□多世界解釈
　起こりうる全ての可能性に対応する多数の世界があるという見方。人間の意識は並存する多数の世界のどれかに所属し、起こりうる全ての可能性のうち一つだけを観察するのだという解釈である。

□パラダイム paradigm
　「ある期間を通して科学研究者の集団に問題や解法のモデルを提供する普遍的に認められた科学的成果」（『現代思想を読む事典』講談社現代新書）という意味でこの語をT.S.クーンは『科学革命の構造』(1962)において意識的に使った。ごく一般的な英英辞書にあたると、paradigmは、type、pattern、modelと同義と記述されている。英語としては元々特異な位相をもたないのだ。
　「パラダイムの転換」などとよく使われるが、この語をタイプやパターンと積極的に区別して使っていると読みとれない場合が多い。

□御嶽（うたき）
　偶像礼拝を否定するイスラム寺院。華麗なアラベスク模様が醸し出す内部空間の荘厳さは、それでも、神の存在を雄弁に暗示している。
　沖縄にみられる、神の降りてくる聖所、「御嶽」には何もない。森の中の空隙という以外、その場を特徴づけているものはない。神の遍在をおもうとき、ない場の保つ力と神の存在性の確かさを知るひとたちの表現に驚愕（きょうがく）させられる。

□言葉漏れ　logorrhea
　言葉(logos)の下痢(diarrhea)。異常に言葉が多い症状をさす医学用語である。つまりは、あまり綺麗な話ではないが、言葉が緩んで、発話目的不明のまま垂れ流される、という状況が示されているわけである。
　これに習って、貝殻のように黙り込む症状を、言語便秘（logoconstipation）と名付けてみよう。

## チャート触発法

　考えに行き詰まりを感じている矢先に、ふと目についた事物から大きなヒントを得るという経験がないだろうか。
　例えば、立ち寄ったお菓子屋でキャンデーが色別にガラス瓶に仕分けられている光景に出くわす。そこで、「仕分ける」という概念が想起される。「そうだ、それぞれ小さなグループに分けてみよう」と、行き詰まっている問題に絡めて、思い立つ。解決に向けてとるべき対策がみえてきたのだ。
　これは、「色別に仕分けられたキャンデー」がシンボルのレベルまで抽象化され、その抽象化によって生じたイメージが、全く別の文脈の中で特別な意味に変換されたということだろう。
　それだけでは明確な意味を持ちえないような絵やコトバの断片が、ある情況（場）に置かれることによって、具体的に発想の方向を示したのである。
　とかく言語による思考は直線的になりやすい。筋をとおそうという力が働く。論理をくずせない。論理が言葉の意味のひろがりを規制するように働くので、新しい世界に踏み込めない。
　それに対して、図形は抽象度が高いので、それを見る側の意向に応じてくれる。暗がりで、ヤナギの木をお化けと見誤って、ギョッとさせられるのも、そのひとの想像力とヤナギの形態が協力してのことだ。

　言葉でも、語を無意味に配列したり、一語々々独立したものとしてみると同様の効果が得られる。
　ブライアン・イーノというひとは、あらかじめ絵や言葉の断片を書き込んだカードを用意しておき、発想のいきづまりを打ち破る道具とした。そして、この方法を、「間接作戦 Oblique strategy」と名づけた。
　誰でもこのような目的のカードは作れる。考える方向を変えたり、にぶくなった頭を刺激してくれる図や絵、コトバのカードをデザインすること自体楽しい作業である。

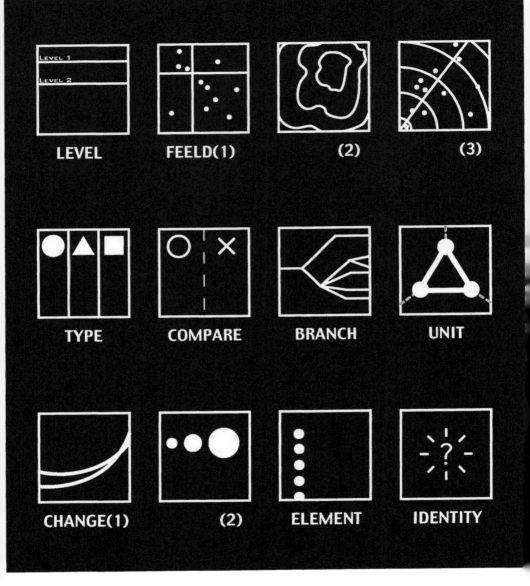

**思考パターンを誘導するチャート**

思考は、その動きの型を示してやれば、ある程度誘導できる。型が固定していると思考内容が偏る。このようなチャートを自作し、偏りを矯正し、かつ独自の思考のパターンを開発してほしい。

## 「コンセプト」をつくる

　ただコップである、ということはありえない。そのコップには色があり、大きさがあり、目方があり、触ればザラついた感触とかツルっとした質感を得るだろう。絵柄があるかもしれない。一部に傷や欠損があるかもしれない。
　それを買ったとき、８００円という価格がついていた。たったひとつだけ作られたのではないだろう。きっと数百、もしかしたら数千、数万の同じようなコップが市場に出回っているだろう。（今も販売し続けられているかもしれない）
　こんな程度では、実在する、物質としての、そのコップを説明しつくしたとはいえない。その上、そのコップの持ち主がそれに対して抱く独自の感情や価値観となれば表現しつくせそうにない。

　あなたが、新たにコップを考えるとき、その実在しないコップをどれほど細部まで、また、実在感をもって想像することが出来るだろうか。
　何かを考え出すという行為は、そのものに関する特徴（属性）を鮮明に意識することなのである。
　「そのコップはどんなものなのか」という問いに対して、**「それはこんなものだ」という答**をコンセプト（concept）と呼ぶ。一般には、「概念」という日本語が当てられる。

　コップのコンセプトはコップそのものではない。**「コンセプトと本物（実在）のコップ」**の関係は、**「地図と現地」**の関係とみればよい。精密で、表現に富んだ地図は、現実の地形をいきいきと再現してくれる。それと同様に、優れたコンセプト表現は現実感のあるイメージを喚起する。

　現実に対する地図とコンセプトは、時間的に前後が逆になっている。地図は現実の地形（場）があってこそつくられる。つまり、後で出来る。それに対して、コンセプトは、その場所が現実に存在する以前につくられた地図なのである。だから、コンセプトは、設計図であり、計画図でもある。

3点で描き出す三角形

3つの角を暗示して描く三角形

## コンセプトを描き出す

コンセプトは、まだ実在していないから、実在するはずのものを間接的に表現せざるをえない。それでも、優れたコンセプトは実在感を鮮明に感じさせる。
例えば、上図よりも下図の方が隠された三角形が鮮明にイメージできる。

## 役割意識

　狩野探幽が、堺の一国寺の杉戸に25羽の鶴を描いたとき、鶴の気持ちになろうと、そのポーズをまねてみた、と伝えられている。

　パトリシア・ムーアがユニバーサル・デザインの必要を切実に感じたのはみずから年寄りに変装し延べ4年間でアメリカ・カナダの116都市を移り住むという実験生活を実践したからである。高齢者やハンディーをもったひとにとって都会は住みやすい場ではないという事実を切実に感じ取ったのである。

　変ないい方だが、ふつう、ひとは自分という人間に成りきっている。だから、基本的には、他人の言動がピンとこないものだ。「ひとの立場になって考えてみる」などというが、それを本気で実践しているひとにお目にかかることは希である。

　大人が子供に、男が女に、女が男に、イスラム教徒がキリスト教徒に、仏教徒が無神論者に、経済大国が経済小国に成りきることができたら、この地上から一気に争いが減少するだろう、とおもう。

　「**作家として大事なことは、評価することではなく、理解することである。**」とアーネスト・ヘミングウェイは書いている。理解は、現実をそのままに自分の認識として取り込む行為である。

　ひとりの人間像を創作する、という作業は、人間というものに対する理解がなければ不可能である。

　また逆に、創作したい対象を深く理解するために、自分の存在をその対象そのものにしてしまうことも重要である。

　女の気持ちを理解したい男は、まず女のように化粧し、女のようにドレスを身にまとい、女のように喋ってみることだ。

　軍服を着ると、花の美を愛でるこころはどこかに隠れ去り、敵を倒すぞという闘争心が、国家防衛への義務感や葉隠れ的美意識と共にわきあがってくるのが人間である。

発想のいきづまりを解消する。発想の転換を求める。そういうときに「変身ゲーム」をやってみよう。
　いま、あなたは役者であって、どんな性格、どんな職業、どんな境遇の人間にでも成りきれるのである。といってもそれだけでは取り組みにくいので、いくつかの人物像を用意してみよう。
　何かを考えるときに、「さて、いまから自分はキャラクターＤになるぞ」と役を選んでおいて仕事にとりかかるのである。
　そのタイプの人間ならどこから考えはじめるだろうか。
　何を一番重視して問題にせまるだろうか。
　もっとも得意な表現は何だろうか。

　あなたの演技力・空想力で、これまでの自分の殻を破り、これまでになかった視点から、これまで親しみのない手段・方法で挑む「新しい自分」を演じきるのだ。

## 4つのキャラクターを演じ分ける

◆キャラクターA：ロボットのように感情のない人間

常にデータを重視、客観的に状況を判断しようとする。好みで左右されない。コンピュータのように機械的に、精度を重視した判断をもとめる。理系人間の典型。

◆キャラクターB：激情型の人間

悲しみも怒りもくやしさも表に出してしまう。直感にすぐれ、好みにうるさい。何事においても感情重視で行動する。芸術家タイプ。

◆キャラクターC：誠実実直な人間

陰気なわけではないが自己表現はひかえめ。嘘、間違いは許さない。自己点検がいきとどいているので欠点・問題点に気づきやすい。感情に走ることなく、筋の通った改善を求める。

◆キャラクターD：違いにこだわる挑戦型人間

新しいものに早く反応し、個性的であろうとする。自分を成長させるとおもえるチャンスは積極的に試みる活動的人間である。

## フロー・チャート　FLOW CHART

　順番をまちがうと、うまくいくものもうまくいかない。
　石膏を水に溶かすのに、先に石膏の粉をボウルに入れておき、その上から水を注ぎ込むと、いくらかき混ぜても、どうしても小さな固まりがいっぱい残る。完全に溶かそうとするととんでもなく長時間の仕事になる。
　ボウルに水をはり、そこに石膏の粉を少しずつ投入しながら、かき混ぜると、うまく溶けて混ざる。

　高校を卒業して大学に入り、大学を出て会社に就職する、という流れが、この国では「ふつうの順番」だが、これにもいろいろ問題がある。
　高校までの詰め込み教育からやっと解放された大学生は自由を満喫し遊びに熱意をかたむける。
　会社に入って厳しい現実に立ち向かっていく日々をおくっているうちに、「こんな生き方でよかったのか」と真剣な疑問に目覚める。そして、「ほんとうの勉強がしたい」と、やっと意欲が出てくるのが入社2, 3年目。過ぎ去った大学生活を思い出し、なんて無駄に日々を過ごしてしまったのか、と後悔しきり。が、もう遅い。
　順番を変えれば状況は違っていたかもしれない。高校を出て働きながら、自分の本当にやりたいことを探してみる。みつかったら、その目標に関わる勉強の出来る大学（学部）を選択する。
　しかし、これまでは、日本の受験制度がこうした流れに十分に対応してこなかった。社会の意識も未だ固定的な順番を尊重する傾向がつよい。ようやく、近年、社会人入学という制度が日本の大学にも広がり始めた。

　料理や掃除という日常の仕事でも、金融、外交、経営といった複雑で規模の大きな仕事でも、順番の選択が能率に影響を与え、結果の成否を決めるのである。

順番を決めるのは、人間の営みであれば、それに主体的にかかわる当人である。何をするにしろ当人の都合や感覚が妥当な順番を決める。万人に当てはまる、最も正しい順番などあるはずがない。つまり、小説を書くのに、正しい進め方が一つだけある、というようなことはいえないのだ。書き手自身の文学観、性格や置かれている環境によって、また、その日の気分によって、最適な作業の順番はちがってくるはずだ。

　日常において、「どちらが先か」の賢明な選択問題は少なくない。

　心臓病を持病にもつひとには、バターをぬってトースターに入れるのではなく、パンが焼き上がってからバターをぬった方が高温による脂肪の変質を避けられる。熱により生成された反応性の高い分子は、DNAをはじめ細胞の構成要素に損傷を与える危険が知られているからである。

　糊も水もないところで、切手を封筒に貼りたい。切手の糊面をなめるひとが多いかもしれないが、封筒をなめた方が不快感は少ない。英国人のおばあさんに教えられて「なるほど」とおもうまで、ぼくも切手をなめる以外に手があるとは考えなかった。

　表題の「フロー・チャート」（流れ図）は、人間の行動を作業の流れという観点から観察し、もっともいい作業の仕方を知ったり、その作業に関わる道具・機械・環境などをどのように改善すればいいのか、その手がかりを得る方法である。

　「フロー・チャート」は、もともとコンピュータのプログラムを書くために工夫された図法である。どんな行為が必要なのか、どういう順に行為が行われるのか、判断すべき事柄はなにか、何を利用するか、機械などがしてくれる仕事はなにか（どこまでか）といった調子で、考えられるかぎりの要素を書き出し、時間系列にそって整理するのである。
　図になるという利点は、全体が見通せて、直感的に問題箇所（行為・機械作業など）を発見しやすいことだ。

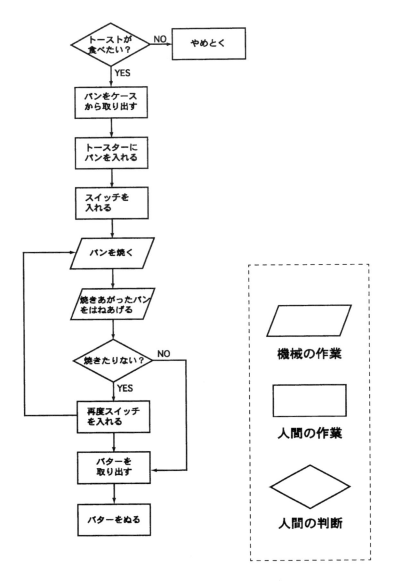

**流れ図** （上記の図は JIS 規格に基づいたものではない）
　記号は、目的に合わせて自分の工夫で作ればいい。記号の種類を増やせば、それだけ表現は豊かになるが、問題発見数が、それに比例して増えるとは限らない。

## 目的設定

　目的型思考と対応型思考という2つの考える姿勢を比較検討してみたい。

　まず、**対応型思考**というものについて。
　与えられた知識などをしっかり覚え、それによって、与えられた問題に速やかに対処できる人間。これが対応型思考の理想である。学校エリートはこの型の勝利者といえる。
　学校教育のすすんでいるこの国では、この型の思考法の育成については一定の成功をおさめているといっていいだろう。
　入学試験。定期試験。種々の資格取得のための試験。これらはみんな基本的に対応型である。試験問題はほぼ予想される範囲のものなので、それに対する対策が立てられる。がんばりがいがある、ということになる。
　この型の思考者の最大の欠点は、材料がなにも与えられなかったら学習がはかどらないという点である。すでに学習した事柄には早く反応できるが、自分で学ぶべき課題を見つけ出すのは得意ではない。
　また知識に拘束されて、筋をとおすことに躍起になり、現実とリアルタイムで向き合うことができない。いわゆる融通性のない人間に陥ってしまう危険がある。

　**目的型思考**についてはどうか。
　何について考えるべきかを考える力があるひとが、優れた目的型思考者である。つまり、自分なりに目的を設定し、対象を選んで、自律的に考えられるひと。
　いわゆる創造的人間は、この型の人間であるといえる。
　関心・興味が鮮明に意識されているので、誰に言われてということなく、自分のペースで、自分のやり方で事をすすめるのである。
　もちろん、基本的な知識を習得するのに対応型思考は欠かせないが、創造的人間は、記憶（過去の実績）を偏重せず、自分がものにした基礎的でかつ重要な知識を基に発展的に考える楽しみをもつ傾向が強い。
　持っている材料を最大に活用するのだ。語学の上達の速い人は、覚えた言葉をすぐ使いたがる。知っている語句でなんとか表現しようとする。それに

対して、いつも「知らないこと」を意識していて、それを恥じ、恐れている人は言葉を口に出すこともままならないので、進歩しようがない。
　これは、「持たない」ことを欠点と見ず、「持っている」ものを積極的に活用していけば実際的な利益が得られるという例だ。
　が、いつでも、そうとばかりはいかない。わがままに思考と戯れるあまり、現実から少々遠ざかり、空想、妄想に埋没する危険を併せ持っているのも、「目的型思考」人種である。

　芸術やビジネスにおける創造的行為が、目的意識の高さと比例して成果があがる、という事実はいまさら説明するまでもない。明確なヴィジョンをかかげ、歴史的な束縛にとらわれることなく、独自路線を歩む頼もしい経営者は、「教えられてきた」ことだけではなく、「教えられてこなかった」ことに注目するひとたちである。
　漠然と「いい人間になりたい」とか「他人に迷惑のかからない生き方をしたい」とかの目的を抱いているひとは少なくないだろう。また、「若い内に株で４～５億稼いで、それを自己資金に食品販売系の企業を起したい」と、鮮明な目的を持つひともいる。個人のレベルでは、どんな目的型思考も本人の自由ということなのだ。
　しかし、個人と組織、あるいは、個人と社会の関係において目的型思考の役割はどう評価されているだろう。
　就職という例を考えると分かりやすいとおもう。
「どういう企業に入りたいか」
「どういう業界が将来性があるのか」
　こういう思考は典型的な対応型思考である。既にいま存在している社会が不動のもの、固定的なものとして在り、いかに自分がそれに合わせていくか、あるいは、それに受け入れてもらうかに苦慮しているのである。

　はたして社会とはそういうものなのか。
　社会は、ひとの意識の変化を引き取って常に新陳代謝している。古い型の営みが崩壊する一方で、新しい型の営みが成長しつつある。
　「社会に自分を合わせる」というときの「社会」は、もう既に過去に消え入りつつある世界でしかない。「社会のニーズに応える」といっても、そのニー

ズは常に変容している。ニーズを産む「社会」が記憶の中で固定されているとき、それはただの記号にすぎない。

　日本社会とは、1億を超えるひとの意識の集合である。観察の仕方によっては、あたかも一つの生き物のふるまいのようにみえる。個人は一個の細胞だ。その細胞間に親交や敵対関係が生じている。

　目的をかかげて行動しはじめた一個の細胞が、その生き物を丸ごと支配する萌芽となることもあるだろう。ウイルスの感染というイメージだ。

　最初は、ひとりのひとが発したメッセージが、身近なひとやマスコミなどの働きによって広まり、その力が増幅され、社会を変革する。新しく生成されたイメージを受け取った個人は、その作用によって「社会的人間」のひとりとして古い体質の社会と新しい体質の社会の調整にのりだすことができる。途方もないエネルギーを必要とする仕事に違いないが。

　1ヶ月ほどテレビや新聞にふれず、そして、誰にも会わず、ただ空だけを見続けて時をすごしたら、あなたの社会像は1ヶ月前のままに凍結されるだろう。もっと長期、何年も、何十年も、あなたがひたすら家に引きこもり、外の世界の情報は遮断して、ときどき窓ごしに空をみつめるだけの生活を続けたら、あなたの中で「社会」はどのように姿を変えていくだろう。

　今の「現実」とは、記憶された姿である。記憶という働きの中で熟成された「思いこみ」に従って、うっかり生きてしまっている、それが人間なのではないか。

　社会が未だ気づいていない素晴らしいサービスや製品を思い描くことができる目的型思考人間は、どのようなスタイルであれ、自己の内にすでに実現した「現実」を外の世界に移植するために、躊躇なく、行動を起こしたい人種だろう。そして、彼らのもたらす成果が、混乱と感動を呼び起こしながら、新しい「常識」と、その後につづくひとたちにとっての「目標」を生み出していくのである。

## 「書類意匠」という芸術

申請書、依頼書、アンケート、診断書、認定書、始末書、使用届、領収書、許可願等々、人が出会う書類は多種にわたっており、人生に大なり小なり影響力をもっている。戦時の召集令状は、ほとんど「死刑宣告」に等しかった。国家や自治体などの権威の表情が書類に読みとれる。

ぼくは、書類という形式が人の願望や欲求を受け取り、制限（拒否）する仕掛けとして機能することに興味をもち、『書類意匠』と名付け、その創作を楽しんでいる。

下の作品は、『無目的調査票』(2003年)

---

### 無目的調査票

本調査は全く目的をもたず気まぐれに実施するものでありますので、どなたさまも安心して虚実取り混ぜご記入いただければ幸いです。
ご提出いただいた調査票の集計法も未定ですので、どのようなかたちで記述していただいても当方に不便はありません。ご協力ありがとうございます。

　　　　　　　　　　　　　　　　　　　　　　社団法人非生産性振興会　調査部

【質問1】「このような機会だから」というので、書いてみたい事柄は何でしょう。

【質問2】「どうも×××」でと、今日まで、改めるべきなのにごまかしてきた習性はありますか。

【質問3】「ということは、やはり・・・」と、最近になってはたと気づいた事実はありますか。

【質問4】「なんといっても」と、大発見した、圧倒的にすぐれた製品をひとつふたつお教えください。

---

回答者に関する情報
- □ 戸籍上存在しない氏名：
- □ 他人から推定される年齢：
- □ 願望する職業：
- □ 会える可能性のある場所：

社団法人非生産性振興会　東京都大田区池之端大籔町2-55 ライアービル4F
◆本件に関するお問い合わせ専用回線：0032-3434-01010(担当：困惑)

## 見通し

　どうつくったらいいのか、まだわからない。始まったものの、行き着くところは見えない。
　**創作上の始点は、空白**だろう。
　どうつくってもいい。だから、どうとも定めない。ということで、空白が可能性となっている。
　いろんなスタイルがありうる。いろんなアプローチがありうる。いろんな素材がありうる。決められていないからこそ、その後の飛翔への期待がふくらむ。
　しかし、期待という感情を手放せず、いつまでも可能性を残そうとしていると、創造が進展しない。足踏み状態になる。
　（ケチとまで言わないが）捨てられない性分のひとは、いつまでも可能性を残しておきたくて、作業が止まってしまう。いや始めることすら出来ない。

　一部の可能性は捨て、別の一部の可能性に注目し、そこから入っていくことによって、創造行為が活気を帯びてくるのである。

　実は、創造の始点とは違ったところに、創作プロセス上、重要な点がもうひとつ存在する。それは**見通しがついた時点**である。
　見通しとは「先が見える」ことである。実際には完成していない、出し尽くされていないのに、何が見えるのか。なぜ見えるのか。
　「見える」のは、大部分が記憶された作品や過去の法則である。頭脳に蓄えられたイメージや言葉や体験である。それらがよってたかって「見通し」を浮上させる。
　そこに な͘ま͘ぬ͘る͘い͘ものの、一応の「解答」が出現しそうな予感がある。結局のところ、その辺にまとまっていくだろう結末をイメージとして「見る」のである。
　この種の眼力は（空想視力というべきか）経験を積んだクリエイターほど優れている。難点は少ないものの、「うまくいっている」姿が見えて満足してしまうと、無難で標準的にまとまった作品にとどまる。

ここで少し脱線する。「見通し」問題をかかえながら、ヘリコプターにのって垂直上昇してみることにしよう。
　フランスの哲学者ライプニッツは、「予定調和説」*なるものを唱えた。
　「この世界は、神の意志によって調和すべく定められているのだ」という。
　こういう説は、正直なところ、日頃思いつきだけに頼って生きているような人間にとっては、お赦しと後押しをいただいたようでうれしい。(ライプニッツといえば人類史上IQ最高得点者とみなされているキレ者だから、なおのこと)底なしの楽観主義も悪くないのか。

　人間ひとりひとりの意志はどうなるんだ、と文句をいいたい方もおられるかもしれないが、IQ天才ライプニッツはそんな次元の話には関心がなかったようである。
　起こったことが重なりあって機械的に運命が決められていくのではなく、ひとをはじめとしたあらゆる存在がしっかりした目的意識を持って、それに向かって邁進するという出来た話でもない。
　ライプニッツは、最高位の神の意志による究極の調和の実現が真理であるから、すでに実現している世界は、神が完全であると認めた世界である、というのだ。

　何億、何十億年という宇宙の寿命のレベルでみれば、ぼくも「神の意志を受けて創造している限りすべて大丈夫」と、ライプニッツに同調できないことはない。が、百年たらずの人間個人の寿命のレベルでみると、この「正しさ」は目盛が大きすぎて実用的とはおもえない。

* 〔哲〕〔preestablished harmony〕ライプニッツの説で、単純で相互独立的なモナドの合成体である世界は神の意志によってあらかじめ調和すべく定められているという考え。
→モナド論：〔哲〕〔(フランス) monadologie〕
ライプニッツの形而上学説。万物を構成するモナドは不可分で不滅の実体であり、一つのモナドは他のモナドと相互作用をもたないが、最高のモナドである神によって立てられた予定調和を表現している。彼はこの思想によって機械論と目的論の対立を克服しようとした。
　　以上『大辞林第2版』を参照し著者が要約

再び生臭い地上に舞い降りることにしよう。
　見通しのもてないひとを励ますという意図ではないけれど、見通しをも̇た̇な̇い̇創造の利点を述べておきたい。

　初めて絵をかく。初めて小説をかく。当然、予定も、目途ももてない。
　だからこそ、一筆、一字を生み出すことが新鮮でありうる。見通しがないので、奔放になれる。「いま、このまま」の思いに従って、自由に表現し放つことができる。

　義務をはたすとか、能率よくすすめるという心構えで仕事をやっていくのもひとつの在り方なのだが、それが度を超すと、その仕事から創造性が蒸発してしまうようにおもえる。

　「いい加減にやる」。それも確かに方法のひとつなのである。

　自己制御の効き過ぎる人間は、ひとつの見通しで固まってしまうので、奔放になれない。
　道路とはっきりわかるところは歩くが、そうでないところは避ける人間は、創造の道を歩めないだろう。

　完成に向けて突き進んでいくという時間の流れに乗っかるのではなく、この場でゆったりとどまる。**動きを喪失した時間に「遊ぶ」必要**があるのだ。
　一定の役割を果たしている思考に信頼を置きすぎると、その思考の操縦に意識を奪われ、思考の働いていない空白部分がもっている潜在的な力を見落としてしまうのである。（この辺のさらなる究明は第３章で）

　自分の思考の限界に気づいてくれば、きっと、この遊びがうまくなる。
　大きな見通しとして、非生産的時間、つまり、遊ぶ時間、寄り道の時間、休息の時間などを見込んでおく。そういう見通しが真の創造者の見通しというものである。

## 創造性とは何か

　一枚の油絵が何億円もするのはなぜだろう。
　ひとりのピアニストの演奏を聴くのに数万のお金を払わなければならないのはなぜだろう。
　それは芸術だからだ。といわれても、なぜ芸術は「高い」のか。そのわけはよくわからない。芸術とは何なのか、それからして分からない。
　わからないから高いのか。不可解である。
　事実としては、あなたはどうあれ、「芸術のなんたるか」を理解している（と信じている）ひとたちが少なからずいるから芸術の価値は高く評価され、芸術家も尊重され、優遇されているのだ。

　有名デザイナーのデザイン料が、大企業の管理職の年収の数倍であったとしても、なんとなく納得しているのはなぜだろう。
　飛ぶように売れる商品を生み出す仕事で高額の報酬を得る。これはビジネスというものだから、結果が数字で出るのでわかりやすい。そのビジネスに貢献したデザイナーに高額のお金が与えられるのは当然、とおもえる。

　まるで売れなかった小説。それが芸術として失敗作かときかれたら、ちょっと戸惑いを覚える。読んでみないと分からない。商業的には失敗だったかもしれないが、自分にとって感動を与えてくれる作品なら、高く評価したい。芸術として優れた小説が売れないことはよくある話だ。

　創造性という言葉は、かなり上等な言葉で、買い物のときや、親子げんかで聞かれることはまずない。また、最近、爆発的に売れている飲み物があるとしても、それが「創造性にとんでいるからね」といったりしないだろうし、そういう話題の取り上げ方はまずしないだろう。

　どのような分野であれ、新しいものを生み出さなければならない立場にいるひとであれば、程度の差こそあれ、創造性を求める欲望はもっているとおもう。「創造性」という語彙を意識しなくても、それに相当する概念が仕事の質を高める目標のひとつとして掲げられているに違いない。

毎日がクリスマス

| | SUN | MON | TUE | WED | THU | FRI | SAT |
|---|---|---|---|---|---|---|---|
| | 25 | 25 | 25 | 25 | 25 | 25 | 25 |
| | 25 | 25 | 25 | 25 | 25 | 25 | 25 |
| | 25 | 25 | 25 | 25 | 25 | 25 | 25 |
| | 25 | 25 | 25 | 25 | 25 | 25 | 25 |
| | 25 | 25 | 25 | | | | |

**MERRY XMAS / HOLY MONTH / 12**

"Holy Month", Morimoto Takeshi (1998)

実用的な価値をもつものから、その価値を奪ったとき、何が残るのだろうか。椅子を「座れない」道具にしてしまい、コップに穴を開けたら、それらはただのゴミなのだろうか。

積極的に実用性を奪い取ったものを創作するとき、そのゴミはひとつのメッセージとなるだろう。

創造性なるものは、数量的な評価（金、製造量、販売量など）や、短期的な反応で推し量れるものではなく、儀式的な賞賛（昇進、受賞など）で高められるものでもない。
　それだけに、それぞれの創作者における全存在をかけた信念とか哲学の表明であるとしかいえないのではないか。

　大学の開学理念や教育方針の説明文、企業の求人案内などに「創造性」という言葉が頻繁に使われている。
　創造性の豊かな人間を育てるのが大学であり、創造性に優れた人間を求めるのが企業である、という。だから、創造性は"お宝"のはずなんだけれど、それは建前という感じがあって、本音のところでは知識の詰め込みに耐えられる知的体力をもった、少々鈍感な人間が結果的には"優秀"という認識になってしまう。実際、そういうひとが政府機関でも民間でも組織においては、出世頭になりやすいのである。

　人間のいとなみを高所から鳥瞰すれば、世間という場では、金儲けと出世ばかり問題にして、成功か挫折かに色分けする見方が支配しているようにみえる。こうした機械的分類に人間が支配されるとなると、尊厳も品位も不要なものになってしまう。
　品位というものをもった生き方を求めるなら、機械的な高低で推し量ることのできない水準の満足をひとは追い求めることだろう。
　そういう思いに至ったところではじめて、「創造性」が真剣に問題になってくるのである。

　何かを生み出すひとは偉い、という素朴な創造信仰が存在するようにおもえる。これは危険な信仰だ。ぼくは、あまのじゃく過ぎるのかもしれないが、邪宗だとまでおもう。
　これまで人間がつくりだしてきたものを、あれこれ思いだし、それらがどんな結果をもたらしてきたか、慎重に検討してもらいたい。無い方がよかったものが一杯でてくる。毒薬や兵器も創造性の賜物である。
　王様の巨大な墓をつくるのに、多数の庶民が犠牲になっても、後代の人間はただただ脳天気に「偉大な文化遺産を残してくれた！」と感激している。

地上の美や人間の内面の美が、いろんな建造物・土木工事・工業製品・科学実験・芸術作品などによって破壊されてきたことにも気づくべきだ。
　繰り返すが、創造行為は、無条件に善だとはいえない。犯罪の創造や戦争の創造もありうるからだ。また、商魂と名誉浴がむき出しに建てられた商業建築や高名な建築家の'建築作品'が目障り以外の何物でもないとおもえるときがある。
　「芸術家だから偉い」とはいえない。どんな芸術か、その内容と質を問題にしなければならない。それがもたらしたものを評価しなければならない。その評価も、絵画なら画壇や美術評論家にまかせておくだけでいいとはいえない。
　芸術はだれのものか。いや、それ以前に、それより重要な問いは、芸術が存在する有益な理由は何なのか、を問いたい。

　ある文化圏のひとたちは、この世界は「創造主」の仕事によって生み出された、と考えている。無から有を創出できる者が創造主であり、それは人間には不可能な行為だから、神が創造主であると考えるしかない。
　実のところ、ぼくの容認できる表現は「創造主を神と名付けた」という程度までなのだが、いわゆる信仰者にしてみれば、「神は創造主である」となるのだ。ここでは、まず神の実在性が前提とされ、その神の仕事のひとつが「創造」であるというわけだ。
　このときの「創造」は決定的な意味をもっている。つまり、全く何もないところから何かを生み出す、という理不尽にみえる行為だからだ。原材料も加工道具も工作機械もない。手伝うものも、電気やガスなどの仕事を成すためのエネルギーもない。
　この神の創造という仕事は、絶対的なもので、決定的なものである。ひとの介在できない意思に基づいているので、運命的といってもいいかもしれない。
　人間にはそのような創造が可能だろうか。どう考えても可能とはおもえない。絵を描くにしろ、小説を書くにしろ、すでに存在しているたくさんの作品を、自覚的であれ無自覚的であれ、直接、あるいは間接に、参照し、下敷きにし、組合せて創作しているにすぎないだろう。蓄積された過去の記憶から「新しいもの」が生じるだろうか。

## 創造とタブー

　創造の中にタブーはない。あってはいけない。「なんでもあり」が基本なのだ。

　タブーは、形式的な規範を求める社会に常に存在する。
　たとえば、殺人が正当な行為と認められれば社会は恐怖の場と化す、と考えられる。
　考えの可能性を封じ込めるには考えで対抗する。
　かくして、国家は精緻(せいち)な法律づくりに取り組む。法律とは考えの体系であるからだ。(この「体系」は常に空想的であることに注意してほしい)
　罪の定義を明らかにし、それを犯した者には妥当な罰が与えられる。しかし、現実は「考え」ではないから、法が整備されても、殺人は減らない。「ひとは殺してはいけない」という考えを重々理解しているひとが、ある状況下で殺人を犯してしまう。この殺人は、「起こったこと」であって「考えたこと」ではない。(思考の限界は第3章で詳述する)
　ぼくが犯罪を肯定するというのではない。誰かが肯定しようがしまいが起こることは起こる。犯罪を願わないが、それが「起こる」ことは否定できないのだ。
　好奇心で「ひとを殺したい」とおもったとして、そのおもいを禁止することなど出来ない。もし可能な仕組みが実現したとしたら、それこそ恐ろしい。

　人間の性器が写し込まれた映像は、発表の場が極度に制限される。多くの国で、そのような映像は無条件に公衆の目にさらせないし、売買もゆるされていない。
　身体の一部にすぎない性器の特別な意味というものはどのように形成されてきたのだろう。性器という身体部品は、生殖の道具であり、快楽の道具である。
　生殖に関わる事柄が、飲食や睡眠という本能に比べて「人目をはばかる」行為とされるのはなぜだろう。神聖な生殖行為が快楽のためだけに悪用・誤用されているのがいけないのか。
　A氏「なぜだろうなんていわれても、恥ずかしいでしょう」
　B氏「人目にさらすなんて、ワイセツなのよ」

「ワイセツ！」
ワイセツってどういうことだ？
もし指先がワイセツということになっていたら、健全な市民はみんな指先キャップなどをはめて生活しなければならない。
「指先じゃなく、性器がワイセツの原因なの！」　もっともだ。でも、両者の本質的違いはなんなんだろう。

Ｃ氏「本能というか、その、まあ、そういうことになってるのよ」

本能的な恥辱感があるというなら、遺伝子レベルの話なのだろうか。

国によっては、キスをかわす映像も、聖職者の男女の軽い抱擁もタブーになっている。また、性におおらかな民族は、きびしい民族からみれば「道徳的に崩壊している」と糾弾されかねない。

ワイセツは、本来、権威のことばであり庶民のことばではない。権威の価値観を丸飲みしている庶民は平気でワイセツを口にする。
国家とか教団という組織が所有する権威と、その集団の培ってき自己保存の必要条件（制限）が個人を縛る力は決して小さくないので、ワイセツは個人の問題である前に集団の問題なのである。
だから、権威の囲い内に「ワイセツ」を入れてしまえば問題はない。医学の専門書に性器を満載しても取り締まりの対象にならない。医学という学界権威があって、それが愚かな市民のスケベごころときっぱりと一線を画する学術的関心である（ことになっている）と保証しているからである。
学術となれば人類の共有できる知的資産。出版の目的、志がちがう。情欲を煽るだけの低級な目的はけしからん、のだ。（学者が情欲をいだいて性器の写真を見ても研究活動になる？）

性器への好奇心は、人類として生理的に組み込まれた欲望であろうから、これは強い力をもっている。発情期のない人類（常に発情期）だから、衣服でそれを隠しておかないと常にオス・メスレベルでのトラブルが頻発するのだろう。

性をめぐる不自由を、タブーの検討にあたって、一例として取り上げてみた。
　創造思考において問題になるのは**思考の自由**である。強制されているのではなく、脅かされているのではなく、存在が否定されているのでもない。思うがままの精神の活動が、一方的にだれかに評価されることもなく、ただそこにある、という状態が望ましい。
　ポルノが政府や一部の圧力団体などによって「禁止」されることがあってはならない。現実は、しかし、「禁止」が当然の処置になっている。教育現場でも、家庭内においても、多くの場合、ポルノは禁止されている。
　社会とか、学校とか、あるいは、ある文化や宗教において、何かを禁止しても、個人の内部に生じるこころの作用を禁止することは出来ない。（あまりにも自分の内面世界の自由に対して鈍感なのは嘆かわしい）

　**制限のない場における自律的運動が自らの認識を洗練していく。このプロセスが創造なのである。**
　フェンスのない、無限に広がる草原に立ち、あなたはどの方向に歩き出してもいい。どれほど遠くに遠征してもいいのだ。
　フェンスがあったり、穴ぼこがあったり、脅すひとがいたのでは、あなたの精神はフルに活動できない。
　びくびくしていてはいけない。早く安全な場所をさがしだして、そこに落ち着こうと考えるのも駄目だ。咎められない程度のことでお茶をにごしておこうというのもいけない。他人の批判から逃れられそうな方向を選ぶのは、創造ではなく、迎合である。迎合は、他者への隷属だから、不自由そのものである。

　創造の世界においては、犯罪も、非情も、裏切りもゆるされる。それらは、ただ表現でしかないからだ。全く、たかが表現なのである。
　要は、あなたの道徳観や価値観が、あなたの表現世界を決める。あなたの美意識が美の基準を定め、あなたの人間観が人間の評価を定めるのである。
　あなたが実際には蚊を殺すのもためらうほどやさしいひとであっても、小説や絵画で残忍な感情の塊となった人間を描くことは出来る。暴力や醜悪を表現したからといって、あなた自身が悪魔に変容するものではない。

地上の物理法則や道徳的強制力の支配を受けず、一切の過去から切り離されて、奔放な思考が動くときこそ、その思考を創造的と呼べる。ぼくは、そうおもうが、世間でふつうに出会う「創造（的）」は、もっと広い範囲の行為や業績についても使われている。

　創造は想像にはじまる。危険な想像も、病的な想像も、迷惑な想像も、それら自体が想像であるかぎり実害はない。破壊力も、感染力も、働かない。
　紳士が破廉恥な性的欲望を満たす情景を想像しても、紳士性は揺るがない。

　**想像をためらってはいけない。**
　あなたがついついためらってしまうのはわかる。
　想像の内容に立ち入り、それらに対して、物質的価値観に照らして、偏狭で断定的な評価を下そうと待ちかまえているひとたちが世間にあふれているからである。そのひとたちは「正しさ」への確信を、一種の"悪臭"というかたちで、あからさまに空気中に放っている。
　そもそも、この世界の多様さを知れば知るほど、ひとは「正しい」姿を見失っていくとおもう。正義とか正解を振りかざすひとがいたり、それらが決定的な力をもった場では、想像は萎縮し、創造の意欲はそがれていくだろう。
　とはいえ、想像の根はどんな場合にも絶つことなど出来ないのだ。拷問の責め具で全身を締め上げられていても、春の昼下がりに惰眠をむさぼる我が身を想像することはできる。

　こんな事実がある。第二次大戦が終結し、アウシュビッツの収容所が連合軍によって解放されたときの話である。死体と衰弱した病人の詰まった修羅場の所内に兵士は突入した。かれらが、ひとつの部屋に来て驚いた。その部屋の収容者だけは、大部分が生き残っており、おまけに比較的元気だったからである。何が違っていたのだろうか。
　それは、ひとりの話し上手なおばあさんのお陰だった。毎夜、辛い労働のあと、捕虜たちは、おばあさんを囲んで話に聞き入ったという。きっと、だれもが、その話の世界に引き込まれ、ひとりひとりの希望の人生を、想像の世界で生きたのだろう。そのお陰で、心身の苦痛も軽減できた。死にゆだねてしまいそうになる弱い心を奮い立たすことができたのだろう。

また、同じ頃の話である。

　チェコの首都プラハから約60キロ西北にテレジンという街がある。ここにナチス・ドイツのアウシュビッツへの中継収容所があった。

　ここで捕らえられた人の中に音楽家がかなり多く含まれていた。90年代に入ってから、収容所に残された手書きの楽譜などから、あの劣悪な環境下で驚くほど優れた作品が創作されていた事実が明らかになった。ハンス・クラーサ、ヴィクトル・ウルマン、パベル・ハース、ギデオン・クラインなどの音楽家の名前が、暗黒の収容所の記憶と共に葬り去られることなく、白日の下に救い出されたのである。

　表現への欲求は、生きる力を培った（つちか）というより、生きることそのものであったのだろう。輝ける芸術家の魂が地獄に光明を持ち込んだのだ。絶望の底にあって日々衰弱していくしかなかったはずの捕虜の生活。そこでも、創作の喜びを忘れず、現実を超える力を信じていた彼らだからこそ、並はずれた生命力を維持することができたのではないか。

　芸術が、豊かな食物や新鮮な飲み物と同じように、生命に大きな力を与えたのである。

　表現に不自由な環境（社会）がすぐれた抵抗詩人や反戦画家をうみだす。

　かれらは、現状に満足できない。現体制を認めない。そこで、「実現していない理想」や、現実がいかにひどいものであるかを、イメージのレベルで創造することに並々ならぬ決意の持ち主である。

　現実の転覆に向けて闘う芸術家は、その「場の力」に屈しない強靭な精神に恵まれ、表現こそが自己の存在の証というストレートな生き方を選び取ったひとたちである。

　しかし、この反体制を志向した創造というものは平穏を求めるひとにとって時に迷惑になるだろう。これまでの自分の好みや生き方を否定するメッセージとして「新しいもの」が現れてくるからだ。

　そもそも創造の力は、現状を揺さぶり、固定的なものを打破し、破壊する。人類が未だかつて見たことも触れたこともない未知の世界へひとびとを駆り立てるエネルギーを内包しているのである。この**「否定の力」**こそが創造の力の本質であるといってもいいとおもう。

創造において、タブーが発見され、それが表現され、批判されたり糾弾される、と混乱が生じる。
　ひとは、基本的に「過去」に生きているから、これまでどおり、自分の知っている、信じている、気持ちのいいことを維持していきながら、その「過去」の存続を望んでいる。
　創造によって、ここちよい「過去」が否定され、破壊されることは楽しくない。
　知識、体験が「過去」の成分なのであるが、真の創造は、それらの成分を全く含まないものでなければならない。
　このような意味における創造は、必ずしも、商業的に成功するものではないだろうし、知識のレベルで同調してもらえないから、賛同者や理解者を得にくい性質のものにならざるをえないだろう。

　ひとが、「過去」の束縛から自由になり、「過去」の無存在を遊ぶ境地に至ると、好奇心そのものが大いに変化してくるとおもう。自然な成り行きとして、生理的欲求は相対的に縮小し、精神的欲求、さらに心霊的欲求に移行していくものである。
　物体としての山を描き続けてきた画家が、形体、色彩、質感を超えて山の存在性そのものに好奇心を移してくると、山は、すでに、画家にとって、精神において問題を提起する対象になっている。さらに、その山の精神を成立せしめている存在の真因に関心を深めれば、そのようなものが「在る」ことに驚きを覚えるのではなく、「在る」という現実を生み出した見えざる原因の方に一層こころが奪われるのである。

　こう考えてくると、創造に安易に価値判断をもちこむことが出来なくなる。
　「正しさ」は自然界のものではなく、人間の頭脳の中にのみ存在するからである。

第3章

# 思考のない思考

### 思考とは何か

　これまで本書では、思考の働きをどのように、自分の目的に向けて手なずけるか、という技術的な工夫をのべてきた。
　思考は問題の解決に重要な働きをもっている、という観点から、その働きを最大にするにはどうしたらいいか、その働きを望む方向に差し向けるにはどうすればいいか、といった技法面について検討してきた。
　家事、事務作業、勉強、話し合い、創作活動、事業計画、企画業務などなど、想像しうるほとんどあらゆる活動が思考を必要としていることは、だれにも否定できない事実である。だからこそ、考える力を育み、伸ばすことは、個人の日常生活・学習・趣味・仕事などにおいて必要なだけでなく、人類の最大課題のひとつでありつづけてきたのだ。

　しかし、**いくら考えてもどうにもならないことがある。**
　紙の上の問題なら模範解答を手に入れればいい。
　現実に生じる問題では、その問題に含まれる要素を特定することすらできない場合が少なくない。
　夜も寝ずに、そのまま朝が来て、また夜になっても、考えつづけたものの、心身が衰弱するばかりで、希望のもてる結論はとんと得られなかった、という経験はないだろうか。

　それは、あなたが「考える力」において劣っていたからだろうか。決断力に欠けた優柔不断な性格のせいなのだろうか。あるいは、本書でもすでに取り上げたような能率の上がる方法を知らなかっただけのことなのだろうか。
　もし、そういう欠点はなくて、あなたは十分に考える力も方法も備え持ったひとであるのに、やはりうまくいかない、という状況があるとしたら、それは思考そのものがもっている限界、といわざるをえない。

　思考そのものの限界がこれまであまり問題にされてこなかったのは、あくまでも、その当事者の能力や方法が万全でないという前提に立って、うまくいかない原因を探し出そうとしてきたからだろう。当人の思考力の限界を持ち出されると、十分にありうることなので、相当なうぬぼれ屋でも、「わたし

の思考力は完全だ」とは言いにくいだろう。
　では、思考する人間の個別性から離れて、思考という働きそのものがどのような限界をもっているというのか。

　G.N.M.ティレルは「**二つの問題**」という用語を通して、思考が"使える問題"と"使えない問題"に二分した。前者を「**収斂する問題**」、後者を「**拡散する問題**」と区別した。
　理詰めでなんとかなる問題は「収斂する問題」。これは、限定された範囲内の問題であって、論理的に詰めて解決できる（可能性がある）。近代科学技術はこのタイプの問題だけを扱ってきたといえる。重いバケツを軽くするのにプラスチックを使うとか、薪で湯を沸かすのは重労働なので、電気やガスの湯沸かし機器をつくって労働を軽減したという例がこれである。考えた結果がなんとか成果に出てくる問題であるから考えがいのある問題といえる。
　もう一方は「拡散する問題」である。論理では解けない、人間性に帰着する問題。成長対衰退、自由対秩序のように相反するものが密接不可分に組み合わさっている問題である。平和で平等な社会の実現は長く望まれながらも未だ解決できていない。考え続けなければならない事柄であっても、それだけではどうにもならない問題なのである。

　思考の限界を決めるのは個人だともいえる。
　「死にたくない。地球がなくなるまで、生き延びたい。」と考えても意味がない、とぼくはおもう。が、そうおもわないひとがいることをニュースで知った。
　死体を冷凍保存して未来の医学が生命再生技術を完成したときによみがえられるだろうから、死体を数世紀にわたって預かる会社を設立したというのだ。米国での話である。
　どこまで思考に信頼をおくかは生への執着と比例するのかもしれない。
　大宇宙の果てに行き着くにはどうすればいいか。思考の可能性を信じる人はどこまでも考え続けるだろう。
　確かに、そういう思考への熱情が、今日の高度な科学をうみ、ハイテク製品をうみだしたのだ。コンピュータは、人間が産み出した最も高度な機械のひとつであり、人間の頭脳の働きを超えた仕事をすでに多くの領域で実現し

ている。文字化された大量のデータを短時間に処理する、という仕事は人間にはお手上げの、コンピュータの得意技といえるだろう。しかし、創造的機能においては、まだコンピュータが頭脳にかなわないという段階にある。

　思考の産み出したものは数え切れないし、人類にとって、その恩恵は絶大なものがあるが、それでも、思考には限界があり弱点があるのである。
　思考って何？
　その実体について確認作業を進めながら、その限界、弱点を併せて明らかにしていきたい。

　思考の物理的性質はどこまでわかっているのだろうか。
　近年の科学の進歩は測定装置の精度を飛躍的に高めた。その成果は、人間の頭脳の仕組みや働きの解明にもたいへん役立っている。
　思考は、電気信号であり、また化学物質の反応である、という二面性をもっている。神経伝達スピードは時速350キロに達する。とはいえ、単純な演算能力などではコンピュータの方がすぐれているから、ひとの思考の優位があるとしても明らかにスピードにおいてではない。
　携帯電話や電磁調理器に取り囲まれた環境にあって思考の電気的性質にも何らかの悪影響はないのだろうか。汚染された食品や空気、副作用の大きな薬物の摂取が人間の神経組織に疾病をもたらす事実が認められているが、当然、思考にも影響は及んでいるだろう。思考回路の機能低下、損傷が、環境の悪化にともない進んでいることは十分に予想できる。

　思考という仕事の最小の作業場が脳細胞である。
　したがって、脳細胞の性質（性能）が思考の働きに決定的な影響を与えていることは十分に推測できる。その脳細胞が大きな不安や恐怖をかかえていると、どんなに優秀な頭脳の持ち主も、その影響で、思考速度がにぶり、論理が混乱してしまう。
　国連国際労働機関の調査（2002年）によると、世界の労働者の10人に1人が仕事に起因するストレス・不安・鬱病に悩まされている。こんな状態では脳細胞も疲れ果てていて、とても健全な思考ができるとはおもえない。

理論物理学の真の素材は思考の性質である。思考は変化し続ける。

絶対的または最終的思考というものはない。それゆえリアリティ(真実在)は思考ではありえず、何かもっと深く、もっと根源的なものでなければないらない。

『クリシュナムルティの世界』(大野純一編訳/コスモス・ライブラリー)より

## デビッド・ボーム
(1917-1992)

David Bohm「量子ポテンシャル」理論を提唱し、量子力学における「場」の解明に大きく貢献した理論物理学者。

また、大脳というハードウェアの性能が思考の優劣を決定すると考えられる。酸素やブドウ糖を十分に補給して、脳細胞の最適条件を整えれば、思考もうまく働くだろう。
　精巧につくられた時計が精確な時を刻むように、いい脳はいい考えを生み出すだろう。漠然と考えればそれはそれでいいのだが、はたして人間の思考の質をそんなに単純に機械的に評価できるものだろうか。
　情報が高速に伝えられ、蓄積された関連情報とのやりとりも円滑で、処理がスムーズに実行されているとしても、それが当人にとってどういう意味をもつというのか。頭の回転が速いと評価される人は、蓄積された情報を取り出す能力にすぐれた人であるにちがいない。それはすなわち、外国語にやすやすと熟達するとか、限定された出題範囲の試験問題にめっぽう強いという意味で有利なのだが、人生の「勝利者」になれるという保証はない。昇進試験を勝ち抜き、難しい資格を取得するという意味では、十分に「勝利者」なのだろうけれど、それは幸福の実現という観点からみれば必要条件のほんの一部を満たしているにすぎないだろう。
　現実（reality）は、「生な世界」である。それは（既知の）情報の集合体ではないので人間の頭脳であれ、スーパー・コンピュータであれ、その将来的動きは読めない。そもそも、**蓄積された知識（情報）は、どのようなものであれ、例外なく過去のものだからだ。**
　直下型地震の予知はデータの蓄積にどれほどの熱意をもってしても不可能である。
　ひとは病気で死ぬのではなく、寿命で死ぬ。医者の推測は病気の進展にすぎなくて寿命ではない。人間ドックで「完全な健康体」の太鼓判を押されたひとが数日後に死んだ、という。不思議な話ではない。「不思議」は、ひとの思考に宿っている無知や期待が生み出す幻想だからである。

　思考は、要するに、知識に制限されているのである。
　**思考は、「知識の流れ」である**、という理解が重要である。ここでいう知識とは、言葉などの記号、イメージ、臭い、音、感触などを要素とした記憶の総体である。
　知識の量や質に応じて思考の質も大いに変化する。知識を舟とすると時間は川の流れにたとえられるだろう。

知識か、時間か、そのいずれかが存在しないとき、思考も存在しない。

　ひとが生きていても、知識がひとかけらも頭に生じてこないのなら、思考はない。反対に、**多くの知識が頭の中にあっても、それが全く動かないとき、それは思考ではない。**

　この疑問に対する取り組みは、科学と宗教の対比としてよく語られる。

　仕組みの解明を使命とする科学と、仕組みの説明は説明でしかないとして、自己の有り様を全面的に肯定しながら、その存在意義を高める生き方を追究する宗教。

　この二つの立場なり、方向が、一点において出会うとき、それが（自己という場における）真理の実現ということになるのだろうとおもう。

## 頭脳の限界

　頭脳は平均1400ｇの肉塊である。この肉塊の内部で起こっている、電気的、あるいは化学的変化が、その人間全体に途方もなく大きな影響を与えているのである。
　ひとりの人間の精神と肉体の統率という非常に重要な仕事を頭脳は一手に引き受けている。脳の問題から、筋肉の動きが制限されたり、極度に物忘れをしたり、情緒が不安定になるという症状が出てくる。

　頭脳は、また、考える中枢である。人間の知的活動を支えているのは頭脳の中で起こっている思考である、と基本的に認識されている。
　では、脳がなければ何も考えられないのだろうか。
　思考という働きは１００％頭脳（の細胞）によるものなのか。
　受胎後、まだ脳が完全に形成されていない時期の胎児には思考は存在しないのだろうか。
　心臓外科手術中などで意識をほとんど喪失しているひとの思考はどのような質的変化を経験しているのだろうか。
　脳死と判定されたひとの頭脳では思考は完全に停止しているのだろうか。
　全身麻酔で手術を受けていて、意識は昏睡状態にあるはずのひとが、その時の情況を非常に鮮明で正確なビジョンとして記憶していたという事例が世界中で報告されているが、これは何を意味しているのか。

　脳の構造とその働きについては、近年、MRIやPETなどの高度な電子的測定機器によって多くの発見や推測が報告されるようになったが、まだまだ謎だらけである。
　特に、知的働きのどれほどの部分が先天的に与えられているのか、生後の学習でどこまで学べるのか、という疑問は理性の正体にせまる重要な問題である。また、この問題は教育の意味を考える上でも大変重要である。
　標準的な脳が持つ情報量は百兆ビット、つまり２百万冊の本に当たるのだが、それがあちこちに分散されている。分散されているという仕組みは、一部が損傷を受けても、全体としては大きな支障がないという安全保障体制が完備しているとみてとれる。その点、現在のコンピュータは情報の貯蔵場が

電子回路や種々のメディアに固定しているのが対照的だ。

　臓器移植の進歩でやがて脳の移植も可能になるかもしれない。その時、はたして手術後生き延びたひとは、以前のひとと同じだといえるのだろうか。

　移植された脳に蓄積された思い出や知識がそのまま生き延びているとしたら、それらを引き取って生きる、そのひとは、すっかり別のひとになっているといわざるをえない。

　もし、移植された脳が一切の情報を抜き取られたただの"臓物"装置であるとしたらどうだろう。そのひとは、他の身体部分においては大人であっても、まともな言語をしゃべる能力もなく、赤ん坊のレベルでしか外界を認識することができないのだろうか。

　もし、**脳以外に理性の働きが存在するなら**、"臓物"装置の脳を取り替えても、ただちに、それを自己のシステムに取り込んで情報の注入が行えるはずだ。

　この問題をもう少し掘り下げるのに、言語の能力について考えてみよう。

　誕生後学習する以前に、人間は言語の基本を知っている、という見方がある。認知科学者スティーヴ・ピンカーなどのいう「言語の本能」や、言語学者ノーム・チョムスキーの「普遍文法」は、その代表的なものである。

　この潜在的な言語能力は、はたして脳という臓器に存在しているのだろうか。遺伝子のレベルに言語の基本文法のようなものがあらかじめ読み込まれているのだろうか。それとも、意識の働きは、脳や神経組織という身体から独立して、全く、別の次元に存在するものなのだろうか。

　言語は思考が利用する道具にすぎないから、思考の方が人間のより根元に近いところにあるといわざるをえない。思考そのものの源泉（思考の種）が、そのひとのオリジナルであるとしなければならない。

　大方の科学者は、その源泉は、脳細胞の情報処理ネットワークに存在すると考えているようだ。人格としての統一性というものも、そのネットワークの産物とみるべきなのだろうか。

　そもそも人格というものも曖昧で、それは単にある情報の集合体（および、それがもたらす身体運動や感情パターンの特徴）にすぎないのかもしれない。

　「そのひとが、そのひとである」という同一性は何において証明されるのだろうか。

こころという日本語はとても広がりのある言葉である。
　ふつう、肉体という物質から完全に切り離したこころというものは想定しにくい。肉体が消失すればこころも消失する、と考えるのが合理的である。
　物である肉体に深く関わる現象としてこころは存在するとみるのはどうだろうか。スライドフィルムを映写機に入れて、その映像を壁に投影している状況をおもえばいい。この映像は物質と光が共同して生み出す現象であり、実体はないけれど、誰の目にも明らかに存在する。こころとはそのようなものではないか、と考えると納得しやすいのではないか。
　この場合、肉体が崩壊したとき、こころも、その存在根拠を失って完全に消失するはずである。映写機が破壊されれば映像は消えてしまうのと同じだ。

　こころが完全に肉体から自立して存在する、とも考えられる。肉体が死んでもこころは生き残る可能性がある。この場合でも、こころに寿命があるのか、永久に生き続けるのか、疑問はつきることがない。
　ぼくの「こころ」についての認識にもっとも近く、納得のいく表現を生命哲学者ケン・ウイルバーから借りることにしよう。
　彼は現象界のものでないこころを魂と呼び、それは「自覚の"力"であり、執着や嫌悪をもたずに、現象界を"目撃する"ことのできる能力（智慧）」＊と定義づけている。
　あなたは当然な疑問をぶつけたくなるだろう。「魂なるものの実在をどう証明するの？」と。
　「魂の不死性は"黙想の眼"によって検証されるべき形而上学的仮説であって、"理性の眼"によって検証されるべき科学的仮説ではない」＊と彼は述べている。
　これは「はぐらかし」にすぎないのだろうか。この点についても、ぼくはケン・ウイルバーに同感だ。そもそも「証明の在り方」自体の妥当性を問題にするところから始めなければならない。

　ぼくは、まず「科学的」という表現を疑う。"理性の眼"、つまり科学の眼の観察も歴史的に大きく変化してきている。アリストテレスの宗教的物理学、力の正体を解明したニュートン理論、現象を場の位置関係で説明できるとし

＊"Death, Rebirth and Meditation" Ken Wilber

た相対性理論、さらに存在の絶対性を否定した「不確定性原理」と、科学における事実認識も日常的感覚（身体を通してわかる）とは遠く離れて、ぼくたちの親しんでいる現実の世界ではありえないような事象として説明されるのである。理性として精緻な認識を求めれば、その分だけ、皮肉にも、不確定性の増大が避けられない。結果として、真摯な先端科学者ほど伝統的物理世界観とは別次元の原理の支配する世界の存在を予感せざるをえなくなる、といえる。

　思考を超えた思考の存在を肯定するぼくの立場としては、当然肉体のみにこころが完全に依存しているのではないと考える。
　歯が痛いとき、胃がもたれているときは、こころが晴れない。肉体の影響は常にこころに現れる。その部分は自覚しやすいので、「それがすべて」にみえがちだが、そうでもない。例えば、歯痛のときでも、突然驚くような光景に出会って、それにまったく気がとられていると痛みはわからなくなる。この時、こころと肉体を繋ぐ情報回線上で歯の「痛み」情報は消失したのだろうか。
　そうではない。その情報を受け取った脳の感覚器官が無視あるいは軽視しただけである。そうなったのは、「驚き」や「感動」というこころの作用が優位に働いて、苦痛情報を拾い上げる作業を押さえ込んだからである。
　以上のこころの働きは、脳や神経組織の範囲における、拡張的な機能にすぎない。さらに、ケン・ウイルバーのいう現象界のものでない「魂」となれば、肉体が消滅しても、それ自体の働きは損なわれないということになる。

　神経細胞はモノだが、その細胞が扱う情報はモノではなくエネルギーである。思考も、脳というモノの場で活動するエネルギーである、といえる。そこで、どのようなモノの場からも独立して存在する知的エネルギーを魂と呼べないだろうか。もっと要約すれば、脳という臓器を全く利用しなくてもやっていける知性が魂なのである。

　心理学者であり哲学者のマイケル・スクリベンはいう。「**自然法則とおもわれている定説と現象との間に矛盾がある場合、現象自体よりも、人間のつくった定説の妥当性を疑うべきである。**」（『死の体験』カール・ベッカー／法蔵館）

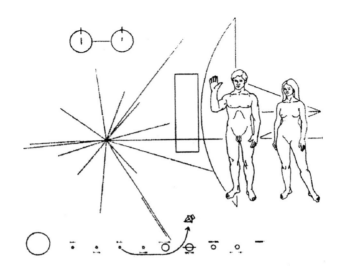

## パイオニア10号に搭載された地球からのメッセージ

1972年3月3日木星に向かってパイオニア10号が打ち上げられた。最終的には太陽系外に出るというので、未知の生命体との出会いに備えて、地球の位置や人間の存在を示す情報を金メッキしたアルミ板に刻んだ。弓状の図がパイオニア本体で、人間のサイズと比較して示している。

全く人類とは異なったタイプの理性をもった生命体であると、このような情報の形式を理解できないこともありうるのではないか。

『ビジュアル博物館　第71巻宇宙探検』同朋社 1998

## デカルトの思考

　自然科学の発展は、思考の方法の開発と相まってなされたものである。
　すなわち、自然科学の思想というものは、その思考法に表現されているとみていい。
　その基を作ったのがデカルトであった。そして、科学者のみならず、近代人の大部分がデカルトの流儀に従って思考することになる。その成果として、科学信仰が先進経済国に広まり、合理精神の育成に成功したのだが、それと同等あるいはそれ以上に始末に負えない災いをもたらしたともいえる。

　では、デカルトの「よりよく考えるためのマニュアル」の問題を以下に批判的に検討してみたい。

① **「理解できないものは信じない」**
　理性の優位を「宣言」している。根拠のない信念をもたないことは健全であるとおもう。しかし、理解できたとおもっても、その程度は当人の能力に依存しており、あくまで主観的な判断である。理解の仕方に間違いはないのか、という確かめが大変むつかしい。

② **「問題を部分に分割せよ」**
　部分は全体と同質だろうか。部分を寄せ集めれば全体がきっちり再現できるのだろうか。全体の独自性はないのか。人体を部品の集積とみる医学の問題の原点はここにある。
　「いのち」という本質的な働きについては、前項の「理解できないもの」として排除した上で、問題がある個々の臓器や組織を健全な部分に取り替えれば全面解決と早合点する危険がある。

③ **「最も単純でわかりやすいものから始め、複雑なものにむかう」**
　重要な問題ほど複雑な構造をもっているものである。
　簡単に片づく部分を解消しても、深刻な問題は取り残される。ひとは、重要なところから手をつけるのではなく、早く出来るところから取りかかり、迅速に評価を稼ぐ傾向がつよい。

④「問題の要素をとりだし、表にまとめるとき、抜け落ちた要素がないか確認する」

　すべての要素を把握しろ、ということだ。といわれても、実行するには非常に難しい課題である。

　頻繁に「ありえない」ことが起こる。人間がつくった機械の故障や、自然の起こした災害でも、不測の事態が起こる。それはただ、ひとが、そういう可能性を見落としていただけで、事実起こったことは「ありえる」ことであったのだ。

　頑(かたく)なな科学者ほど「そんなことはありえない」と平然といってのけるのだが、これは「自分の知っている限り」という条件を言い忘れているのである。

　「すべてを知っている」という前提は、人間の限界を考えれば、持ってはいけない前提である。「抜けた要素がありうる」と考えるのが最も自然で確率的にも正しい認識である。

　時に技術者が「設計は完璧です」といった言葉を平然と吐いているが、これにはあきれる。また、科学者が「そんなことはありえない」と断言している光景に出くわすと、ぼくは「デカルト病の重病人」とひとりごちるのである。

## 内なる対話

　空虚を楽しもう。
　何も知らない自分、何も用意できていない自分を、そのままにして、それはそれでいいではないかと、空虚そのものに信頼を置いてみようではないか。

　混乱した心からは、混乱した考えしか出てこない。
　混乱を解消しようと焦ることはない。
　混乱が、ここに在る。これを見つめるだけでいいのだ。
　ゆっくりと、また、ゆったりと、取り組むべき問題について、あなたがすでに知っている事柄を、あるいは、いま気づいた部分を、それらが自然に浮かび上がってくるままに、ひとつひとつ点検してみよう。過去の甘い思い出を散策するように。

　疑問と闘わず、疑問はそのままに生じさせておけばいい。
　[疑問1]はたして、そんな空虚への楽しみにひたっていることで何が起こるというのだろうか。
　[疑問2]空虚はどこまでいっても空虚ではないのか。無であり、変化も進化もないものに信頼が置けるのだろうか。「外部の知識」を求めないとマハリシはいうが、自分の在り処にじっとしていて大丈夫なのだろうか。
　[疑問3]合理的な解答を求める頭脳に空虚の存在意義など分かるはずがないではないか。

　では、逆に、精一杯努力してどこまでのことが出来るのだろうか。
　はたして、ぼくたちは、生まれてくるために途方も無い努力をしたから、ミミズにならず、人間になって生まれることができたのだろうか。
　努力は、時に有効な力になるが、万能ではない。努力という力が全く働かない場と時がある。
　あなたが、いま、人間として生きているのは事実がある。が、その原因や経緯は思い出せないだろう。
　どうして思い出せばいいのだろう。
　そもそも、そんなことを知っていると認めがたい。そこはあやしい。

問題は頭脳の能力なのだ。頭脳はあなたの存在経過や理由を教えてはくれない。頭脳は、いま目や耳をとおして入ってくる情報の処理に忙しいし、空想的な世界での観賞や、議論や、創作や、思い起こしの作業においても忙しい。

　頭脳は、歴史的にみれば、文字をつくり、絵を描き、巨大な建物を設計し、コンピュータを生み出してきた。
　しかし、そういう頭脳は、毎日、誰もがおもい知らされていることだが、戸惑いや不安や怒りを覚え、ささいな出来事にイライラし、ちょっとした事態も予想できず、いつまでも過去の苦痛を思い返しているのである。
　こんな不安定な、不完全な、頭脳の働きに絶対の信頼を置くことなどできないのだ。

　学校という、小さな、閉塞した場で、パターン化した問題をさらさらと解けたからといって、人生にひしめく曖昧で複雑な問題が解けるものではない。
　教室の秀才も劣等生も大宇宙的規模でみれば大差ない。
　頭脳に聞いても無駄なのだ。
　あなたの理解が、この明白な事実におよんだとき、少なくとも、あなたは思考に縛られた不自由な人間を離脱しはじめているのだ。

### 他者との対話

　ひとと話すことによって、ひとりで考えているときには気づかなかった情報や見方がもらえて、難問を解くきっかけになったという経験はだれにもあるとおもう。
　グループで考える意味があるから、ひとが集まり、検討会やシンポジウムを開き、シンクタンクや学会をつくるのだ。
　ひとりで考えるよりも、複数の人間が寄ってひとつの問題を議論する方が、より多くの情報（知識）が集まり、複数の違った観点から多角的に分析できる有利さがある。解決案が多く出せる分、優れた答の得られる確率が高くなる。多くの人が点検すれば、うっかりミスも防ぎやすい。これも利点である。

　知識の数が多ければその分だけ真実性が高まるという認識から、より多くの知識を集め、思考能力を高度な水準に引き上げようとするわけである。確かに、数学の解析や機械の設計のように、思考が直接に働く領域では、その仕事が間違いなく向上するだろう。

　しかし、すでに述べてきたように、モノの設計などとは違って、真実という実体をとらえるには、いくら知識を数多く集めても、思考がそなえ持つ限界を破り、乗り越えることはできない。

　では、複数の人間がいっしょになって、ひとつの課題に取り組みながら、知識や思考に依存しない究明が可能だろうか。つまり、通常の情報処理のレベルではなく、生物として共感、共鳴できるレベルで、「分かり合う」という実感が得られるものだろうか。表現を変えれば、**共感をベースとして思考を超えた思考**を達成することは可能であろうか。

　あなたが思考に限界を感じるのはどのような場合だろう。
　あなたが複雑なおもいを話そうとするとき、どのような言葉も当を得ていないと感じ、黙り込んでしまうしかない状況に陥ったことはないだろうか。そのおもいは表現されず、こころに残されたまま。それはそこに確かに存在するが、明確な形をもたないので、伝えようがない。

それが他者に伝えられることはあり得ないのか。そうではない。それが言葉や絵に表されていなくても、察知する力がひとにはある。
　その力は、その'知る力'は、どこにあるのか。どこからきているのか。明らかに思考ではない。思考の結果でもない。
　しかも、その力は意識的に発動しにくい性質のもののようにみえる。察知したいから察知するのではなく、自ずと察知が生じる。それは「起こる」のであって、欲望や努力によって「起こす」ものではないし、そんなことはできない。

　知識が介在しなくても「分かる」としたら、その内容を指し示す記号（言葉やイメージ）は何もないのだから、何も記憶に残らないはずだ。

　話し合いながらも、イメージや言葉などによって記憶されず、どのようなかたちにおいても結論をもたない対話がほんとうに実現するだろうか。
　その時の言葉はもちろん、互いの状況や話し合った環境の記憶は定かではないけれど、**とても深い理解に到達したという感慨だけが残っている体験を、あなたはもっていないだろうか。**
　でも、神秘的な言葉にとびついて説明したり納得しようとしないでほしい。霊感とか第六感といってみても、そう言い換えたから何かが示されたとはいいにくい。こういう語については、特に、口にするひとの主観が強く出るし、感覚的すぎて、不明瞭である。

　この問題を、「話す」意識の解明という方向で検討し続けよう。
　ひとと話す意味を考えてみよう。
　そもそもあなたはひとと話しているだろうか。
　言いたいことを口に出す。それだけでは、共有を引き起こすような作用を伴わないし、それを前提ともしていないので、ほとんど筋肉運動をやっているにすぎない。
　複数のひとの間において、なんらかの内容のやりとりを経て個々のひとが心地よく学びあうという状況がつくられているだろうか。
　必要から話す。これが一番基本的な'話'だろう。
　「最寄りの駅にはどうしていけばいいのでしょうか」。こういう具体的な用

件がある場合、話す内容は物体を差し出すように明瞭なので、話し方に特段の工夫はいらない。

　必要でも、「めし！」「ふろ！」と要求だけを発するのは命令であって、話しているとはいえない。もちろん、生活を円滑にすすめていくには、時に、この種の機能本意のコミュニケーションも必要だろう。また、文構造は命令形でも、発する口調や態度によっては、とてもやさしくもなる。心理的受け取りは当事者が決めることだから「乱暴だ！」と一概には言えない。話し合いが成立している関係の場で決められる事柄だ。命令し合って、あまえ合っている夫婦もあるだろうから。

　要は、表現の字面の問題ではなく、その奥に、あるいは底に横たわっている真意を問題にしなければならない。言語になる以前の、意図であり意味が伝わっているのかどうかなのだ。

　相手の言葉を受け取る。その言葉があなたのこころに、かすかな感触をとおしてイメージや音などを喚起する。頭脳の中で、それらが統合されて、ひとまとまりの意味を形作るとき、それとどのように関わるべきなのだろうか。しかも、ここで欲しいのは単なる情報のやりとりではなく、創造的な生産物をもたらす双方の関わり方なのである。

　そこで、もう一度、もっとも一般的に受け入れられているとおもえる対話に関する理解をまとめてみる。
　①言葉がもつ辞書的な意味に従おうとする。
　②文脈をよく意識して、解釈の仕方を検討する。
　③相手の感情に注目し、それが暗示するものや程度加減を推測する。
　④相手の態度を総括し、皮肉、冗談、挑発、懐柔などの意図を読み取る。

　これでは駄目なのだ。こうした知的な理解だけでは、「記憶なき対話経験」は生じない。言葉という記号の世界を読み解く頭脳装置が２つ、それぞれ孤立して並んでいるだけなのだ。
　真摯な対話でも、討論でも、説明と納得の関係でも駄目だ。
　ぼくの提案は**「探究」**である。「探究」はただの看板であって実体ではないが、あなたのとるべき態度をこの語に象徴させて検討してみたい。

探究とは何か。
　それは、話し合いだが、それだけではない。どんなふうに話してみても、「私」の中にあるものは、どこにもちゃんと届けられずに、残されている。誰にも、伝えられない気持ちや考えがある。「私」のすべてを伝えるなんて、当然無理なことなのだから。
　人間は、おびただしい数の言葉をつくりだし、高度な科学を築き、複雑な意味を把握し、深い感慨を伝えようと努力しているようだけれども、「私の気持ちを伝える」という簡単なことさえ、うまくいっているとはおもえない。

　なぜ、うまくいかないのか。
　本気で伝えたいとも知りたいともおもっていないから、真剣さに欠け、言葉に生命が宿らないのか。はたして、言葉に生命が宿るとしたら、それはどういう状態なのだろうか。
　生命のない言葉をいくら交しても、生命は学ばない。時間の問題ではない。数十年連れ添った夫婦が、数え切れない言葉を交わしてきたというのに、互いに何も共有できず、何も学びえなかった、という絶望感を抱くのも珍しくない。

　探究はどう違うのか。
　ただ「考える」のと違う。ただ「話し合う」のとも違う。「意見交換」でも、「議論」でも、「討論」でも、「雑談」でも、「お喋り」でも、「分析」でも、「考察」でもない。
　もしかしたら、百万人にひとりくらいしか、探究を自覚的に経験していないのかもしれない。
　**それは「起こる」のであって、願望や努力だけで「起こす」ことは出来ない。**
　言葉をふつうに使う生活では、話すことが、呼吸することと変わらず、当り前になっていて、いい加減に話しながら、そのいい加減さに気づいていない。
　反対に、過度に話す言葉を意識して、議論したり、討論したりする時には、自分の思考の調整に忙しく、相手の気持ちを察するゆとりなどなくなる。
　また、利害を目的とした会話はビジネス、政治、法律、学問などの実業の

世界で尊重される。特異なレトリックが使われる世界でもあるから、ふつうの国語辞典では間に合わない。

　自己弁護や、いらだちをぶつけるために、膨大な言葉が浪費されている。いや、その「浪費」そのものが人生なんだ、と誇らしげに語る者までいる。

　探究は、実用のものではない。狭い意味での目的達成に役立たないのだ。つまり、思考が納得するような、ひとつの絶対的な答を手に入れる方法ではないからである。

　**二人、あるいはそれ以上のひとの間に、統一と超越を同時に持ち込むものが探求である。**

　統一は、共鳴、共振といいかえてもいいだろう。同一の固有の周波数をもった二つの音叉が並べられていて、一方を叩けば他方も振動する、という作用である。

　「波長が合う」という表現もある。この気持ちの同調を、「同感」とか「意見の一致」という程度にとどめるのではなく、もっと高い波長レベルにまで共鳴を引き上げるのが探求である。

　そこで、少しもって回った表現になるが、きっちりと「探求」という現象を定義してみよう。

　**言葉を発する主体の意識に発した言語化される以前の無調整の意味を、一種のエネルギー（波動）を通して伝播（でんぱ）したとき、他の意識が、そのエネルギーを全く損なうことなく受け取り、そのままに共有しえたとき、探究が生じる。**

　ひととの関係の中でしか、探究は生じない。しかも、相手に対する理解に真剣であり、相手への関わりをためらう要素（否定的感情や低い評価など）が全く存在しない関係においてしか探求は生じない。

　残念ながら、現実には、自分の思いや感情を相手を選ばず吐き出したいひとばかりで、自分以外の人間の心境に耳を傾ける熱意をもったひと、無条件によろこびを感じるひとは希である。

　ましてや、「探求」の生じる関係を安定的に築くとなるとラクダが針の穴を通る可能性に近くなるというしかない。

　数十億の人類が一個の生命体の探求装置として一致共同し、地上の様々な問題の解決に挑むときがいつか到来するのだろうか。

## 意識の集中

　ひとの話し声や騒がしい音楽が気になると、集中して考えにくい。ひとの言葉が割り込んできて、脳内でまとまりつつある考えをかき乱す。
　意味を持たない騒音や臭気や感触も思考の働きを散漫にする。けれども、ひとの話し声の方が邪魔になるのは、意味を読み取ろうと動き出す思考の働きがほとんど自動的にスイッチ・オンされるせいではないだろうか。

　また、ひとつの事柄に非常に気を奪われていると、騒音もひとのしゃべる声もまったく存在しないかのように、ほとんど影響を受けない。そのとき、あなたは集中している。
　パニックで周囲が消え去ってしまうのは集中ではない。身近なひとの死を知らされたひとは、茫然と、そこにたたずみ、あたかも音の伝わらない真空空間にポツリと取り残されたかのごとく感じるだろう。これは、ひとの死というショッキングなニュースに完全に征服された状況で思考が働きにくい状態にあるのであって、集中しているのではない。

　意識の集中について考えてみよう。
　勉学でもスポーツでも、どんな仕事においても、よい結果を出すには意識を高度に集中できる能力が求められる。
　天才とは、集中力に並はずれて優れた能力の持ち主なのだとおもう。

　では、集中できる環境、条件とは何だろうか。一般に、以下の条件が満たされると集中しやすいと考えられている。

　○静かなところにいる
　○暑すぎもせず寒すぎもしない
　○50％程度の湿気である
　○ひとりでいて、誰にも監視されていない
　○悩みをかかえていない
　○痛み・かゆみ・しびれなどがなく、身体に不快な存在感がない
　○（意識する対象に）強い関心をもっている

単純な仕事なら、この中の２，３の条件を満たしていれば、かなり集中できるはずだ。
　群衆の話し声などで一定レベルの騒音があっても、全く知人のいるはずもない店にいると、最悪の翻訳本でもかなり集中して読める。物理的条件よりも心理的条件が満たされていれば、容易に落ち着ける。
　落ち着いて好きなことが心行くまで考えられる、というのは、集中の条件としては最低の水準である。これだけでは、高度な成果は期待できない。
　親族がいま直面している非常に複雑な法律問題を整理するとか、国内外の多数の金融機関の中から、１０年後をにらんで、最も収益性の高い金融商品をひとつ選ぼうといった場合には、もっと深い集中が必要になるだろう。
　一流のスポーツ選手やプロの棋士の競技前・競技中の精神集中の状態は並外れたものであることが大脳生理学者たちの研究でも明らかになっている。（集中の深度より認識能力の特異性の検証という研究が多いかとおもうが）

　バラバラになりがちな意識作用をひとつに束ねるのが「集中」の基本である。要は、**中心（標的）をひとつ定め、そこに意識を収束する行為**なのである。

　その方法をひとつ紹介する。
　およそ１m四方の白い紙を用意する。そのほぼ中心に黒ペンで小さな点（直径５ミリ以内）を描く。この紙を、あなたから１mほど離れた壁に貼る。
　正座あるいは西洋椅子に腰掛けて、この白い紙の中心の黒点をジーッと凝視する。これだけである。
　訓練というには単純すぎるやり方だが集中の醍醐味は十分味わえる。
　最初は５分でも疲れる。長くやろうと意気込むよりも、黒点から視線をはずさない決意をしっかり持って、意識集中を維持することが肝要である。
　　眼周辺の筋肉をできるだけゆるめること。ついついその辺に力が入ってしまう。緊張すると集中できない。力をこめて見ようとするのではなく、眼球に見させておくのがコツである。

　黒点はやがて踊り出すだろう。それ自身の意思によるかのように。すこし習熟してくると、このダンスを楽しんで**鑑賞**できるようになるはずだ。

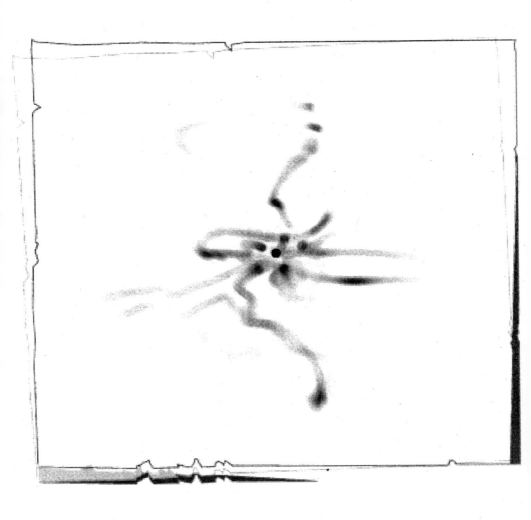

## 数息観
　　すそくかん

　息をみつめるだけで、こころというものがこんなに静まるものか。きっと、大方のひとが経験したことがないほどの深い沈静感が、この単純きわまりない方法によって得られるだろう。この方法は、その名が示すとおり「息を数える」だけである。

　基本的なやり方は以下のとおりだ。
①正座もしくは椅子に腰掛け、背筋をのばし、両目を閉じる。
　背筋をのばすために緊張してはいけない。下腹に重心を置いて、全身の力を抜いておくこと。
②数回深呼吸して心身をほぐす。
　（落ち着いたら、何も意識せず、自然に呼吸する。）
③口は閉じ、鼻口から出ていく息を感じとり、「いち」と心の中で数える。
④次に、入ってくる息を感じたら「にぃー」と心の中で数える。

　こういう要領で、好きな時間だけ続ける。
　**決して自分の意志で呼吸を誘導してはいけない。**呼吸の動きに干渉することなく、それを**ただ観察する**のである。鼻の穴の内側の皮膚をかすめる**息の動きを「見る」**のである。

　こころの静寂は、精神衛生上、いい結果をもたらすことを疑うひとはいないとおもうが、思考の活動を低下させる重要な条件でもある。考えることがたくさんあって、混乱しているというとき、混乱を沈めようと意識すると、一層混乱が増すものである。そんなときこそ、数息観をこころみてほしい。

　数息観のもたらした静寂の状態に可能なかぎりとどまろう。
　呼吸は少なく弱くなり、身体の存在感が希薄になる。意思や意図をもたなくても、自然に「思考なき思考」に近づいていく。

「思考なき思考」は、思考が産み出したひとつの幻想だろうか。

　こころに静寂をもたらすのも素晴らしいが、そこに快適をむさぼるのではなく、思考の活動が極度に不活発になったとき、「何が起こるのか」をよくよく観察してほしい。

　あなたは、そのとき、何の役にも立たないアタマをかかえて、静寂の空気を吸っており、何の理由もなく、そこにいるのだ。
　「目的」や、「原因」や、「結果」などが、なにかの「理由」と結びつけられて思考のよろこびをつくりだしている。その思考が力を失ったとき、理由という刹那（せつな）の説明は饒舌（じょうぜつ）を奪われ、黙ってしまうだろう。

　「自分」だとか「アイデンティティ」とかは思考の休眠と共に消滅してしまうだろう。
　あなたは、もはや何かについて考える部分的存在ではなく、何も考えない**全体的存在**になっている。
　あなたは、いまや、ヒトという類の**肉塊**（かたまり）ではなく、**意識**だけの**空間**（ひろがり）である。

## 幻想と瞑想

　近代的な生活を誇る国では、教育制度の充実は欠かせない。大学を頂点に、可能なかぎり優れた学校と教師をそろえ、それぞれの国情を反映し、方法に違いはあるが、子供たちに教えるべき知識の体系をもっとも尊重して、教育がなされている。(少なくとも、そうすべきであるという目標を掲げている)

　教育制度は、実質として、学校の権威を育成し確立することによって、その目的を果たそうとしているのではないか。学校で「教えられる」ことは重要だが、「教えられない」ことはあまり価値はない、という偏見を生みやすい。学校で学ばなかった知識や体験は、権威に認められたものではないので「雑学」にすぎず、その真実性も、有用性も限りなく低いとみなされる。

　この本の前２章では、実用的な思考というレベルに限って、有益な結果の出やすい、能率の上がる方法を取り上げてきた。そこでは、知識とどう付き合うかという問題が中心になっていた。

　知識は言語によって大部分が占められているが、**その言語は基本的には、実体に付けられた記号にすぎない。**
　川にはさらさら流れる透明の物質があって、日本人は「みず」と名づけた。英国人は「water」と呼んだ。「みず」も「water」も、その物質自体ではない。それを指し示す記号にすぎない。記号は違っても、それに対応する対象はひとつである。
　言語は、さらに発展し、実体がなくても、あるいは実体と無関係に記号を産み出しつづけ、その世界を大きくしていった。すでにある言語と言語を組み合わせて、新しい言語を次々に創作してきたのである。

　そもそも知識の世界は人間の頭脳の内に築かれた人工の宇宙である。それは実体ではないから、幻想の宇宙といえる。
　人間は、この幻想によってずいぶん騙され、苦労を背負い込んでいる。
　「愛している」と言っても実体の愛はどこにもない。
　「明日はＡ君に会おう」とおもっても、それは今現在の自分の想像で、実際

に明日になってみると、何が起こるかまったく分らない。A君はこの世にいないかもしれない。大地震で日本はめちゃめちゃになっているかもしれない。
　知識は、脳内に蓄積された記号だから常に過去の内容をかかえているにすぎない。
　知識を活用する思考の力は、過去にしばられているので、今、現在に触れられない。

　**瞑想は、今、現在に触れる。**だから、瞑想は思考ではない。ここが大事な点である。
　「自分の将来について瞑想する」のは思考であって、瞑想ではない。

　頭脳は幻想や空想をおもいえがくのが得意だが、この瞬間の現実を、そのままに見て取るのが苦手である。見るが速いか、ただちに解釈で加工したり、感想で色づけるのである。

　瞑想についても、すでに多くの知識が世間に蔓延している。
　瞑想を教えるサークルや教団や塾が数多くある。数ヶ月のトレーニングで「瞑想上級講師」とかになれる、とパンフレットに書いてある。
　瞑想のやりかたを説明している本が数多く出ている。
　政治家や芸術家やスポーツ選手などが瞑想を日常生活に取り込んで、それぞれの仕事に役立てているという話もよく聞く。

　瞑想ということばを聞いたとき、あなたは何をおもうだろう。
　宗教。インド。聖者。オウム真理教。座禅。神秘体験。神との交流。
　おそらく、これらがあなたの瞑想に対する知識であろうが、すでに書いてきたように、それらは瞑想そのものにとって何の意味ももたない。
　意味づけられたり、説明されたり、教えられたものは、みんな瞑想ではないのだ。

　瞑想について歴史的に検討すれば、きっとその発生は数千年以前にさかのぼるのだろう。インダス文明の遺跡から結跏趺坐の姿勢の土人形が発掘されている。

古代文明の水準と瞑想法の水準には深いつながりはあるのだろうか。瞑想はすでに完成していたのか、始まりに過ぎなかったのか。瞑想も時間とともに進化しているのだろうか。
　いずれにしろ、その発生の環境や理由を考えるという道楽は、瞑想ではない。瞑想と全く無関係な行為である。そもそも、瞑想は時代や文明から独立した個人のものである。
　瞑想がもたらすものを、生理学的に、あるいは心理学的に分析するという試みがひんぱんに行われているが、そういうことで瞑想は解明できないとおもう。特定の波長の脳波が現れるという現象が瞑想なのではない。それだけなら薬物で簡単にできることだ。
　ある種の薬物や植物などが深い瞑想をさそうという。LSD、マリファナ、メスカリンなどの精神拡張剤のもたらす反応と瞑想は同じなのか。それは、確かに、思考作用に乱暴に働き、意識を増幅させる。つまり、神経組織という物理的領域にとどまっているので、瞑想ではない。

　生物学者のライアル・ワトソンは、物質ではない不可視の身体を「第2のシステム」と呼んでいる。その見方に同調して、その身体の認識力が瞑想の源であると考えるひとがいる。でも、あなたが、その理解をもって、瞑想を自分の身に実現できるだろうか。

　瞑想は、自律神経の失調におちいったひとに卓効があるといわれる。しかし、これも、無条件に「正しい認識だ」とはいえない。特に、不安の強いひとは、「瞑想する」（ここでは、「意識集中の行」程度の意味）ほどに一層不安を強くする危険があるからである。特に、眉間への意識集中はこの問題を引き起こしやすい。

　瞑想は言葉で説明できない、と主張するのも、ひとつの説明である。瞑想を論じることが不毛な行為であると繰り返しいってみたところで、この論そのものが瞑想論のひとつになってしまう。
　確かに、ぼくは瞑想について語っているのだが、瞑想が何なのか、という議論はしないし、出来ないとおもう。こうして書いてきたように、**瞑想でないものについてだけは書ける**。

瞑想は「する」ものではなく、「起こる」ものなので、そのやり方は書けないけれど、「起こる」条件の整備については少し書けるとおもう。

　それが「起こる」可能性を高める条件を若干提示してみたい。条件をつくる部分では「する」ことはあるのだが、くれぐれも、それ自体が瞑想ではないと理解しておかなければならない。
　瞑想が「起こる」ためには、思考が働いていてはいけない。したがって、思考が生じにくいような環境をつくる必要がある。
　それには感覚器官の刺激を極力避けなければならない。音が飛び込んでくると、それについて思考が動き出す。暑すぎても、寒すぎても、不快な感情が生じるので集中しにくい。だから静かで、つよい臭いもなく、適温の場所が最適である。
　瞑想を起こすきっかけをつくる行為として「見る」を取り上げてみよう。
　ただ見るのだ。他の行為を混ぜない。見るという単一の行為にだけ全意識を集める。
　単純すぎてむつかしい？
　「ただ見る」という目的意識を頭の中で反復している間は、「ただ見る」行為は生じない。見ようとしている自分の意志が、瞑想の生起を阻害するだろう。

　あなたは、静かでここちよい部屋にいる。特に強い香りを放つものもなく、目障りなモノも、気がかりな動物も存在しない。あなたは椅子に座って、窓の外にある一本の松の木を見つめている。そこで、その木を見ることだけに集中しよう。
　一切の目的も持たず、興味も、解釈も、意味づけもなく、どのようなかたちであれ、何の成果も望んではいけない。
　これで瞑想の起こるのを待つ準備ができた。
　ただ松の木を見ていると、見ている自分と見られている松の木の区別がつかない状態に至るだろう。
　その時、見ている対象が「松」であるという認識や、それが含み持った文化的な意味（例えば「目出度さ」とか「料理のランク」とか）や雑多な体験・記憶などからくる連想が出現することもなく、見るという行為だけになる。「自分」という枠や中心もなく、ただ、見る行為だけが在る。

そのとき、頭脳は沈黙し、思考は停止する。そこに、「自分」と「対象」との直接対話が生じる。
　この状態を瞑想とよべばいいのだが、それが、事実、あなたに「起こっている」のかどうか、そこが問題だ。この状態を瞑想と定義づけるのは簡単だが、繰り返しのべているように、それでは何の意味もない。

　この瞑想という状態が実現したとして、それはどのような価値をもつのだろうか。
　価値などない、といってもいいだろうし、なにがしかの価値はある、ともいえる。「ある」としても、価値は、所詮、それを見出すものにだけ存在するのだから、瞑想において生じる価値はそのひとだけのものだろう。

　価値を云々する以前に、瞑想が「起こった」という状態を体験している自分は、何を感じているのか。何も考えていないから、何も感じていないのか。
　瞑想をとおして神や仏に出会いたいという期待は、案外簡単に満たされるのである。というのは、その「神」や「仏」への期待（という思考）が脳内で神仏の製造に手を貸してくれるからだ。
　期待は制限でしかない。期待は、思考に発した可能性の切り抜きでしかないのだ。

　瞑想は、当然、生の中で起こるのだが、この状態は、だれもが親しんでいる生の有り様と質的に大きく違っているとおもう。
　生を精一杯拡大し、その限界を示しているのか。
　死の入り口を見せているのか。
　どう納得するかは、解釈という思考の問題にすぎない。

　瞑想の中で、この世の悩みが消滅し、心の天空には雲一つ見えず、理由もなく喜びに満たされているという状態がやってきたとしても、それがあなたの人生において何になるのだろうか。
　考えれば、そんな疑問も出てくるだろう。が、瞑想は、あなたの考えのおよばないものである。それがあなたに起こり、あなたは「考える」枠組みから引きずり出され、意味消滅の海に投げ出されたのだ。

瞑想は人生における最高の芸術のひとつです。
おそらく、その頂点にあるとおもいますが、
誰からも学べません。
そこに瞑想の美があります。
技術などいりません。
だから、権威もありません。
あなたが自分自身を知ろうとして、
あなた自身をみつめ、
歩き方をみつめ、
食べ方をみつめ、
ゴシップや、憎しみや、嫉妬を話す自分をみつめ、
そうしている自分にちゃんと気づいている時、
それは、ひとつの瞑想なのです。
ですから瞑想はどんな時にも生じます。
バスの席に座っている時、
光と影に満ちた森を歩いている時、
鳥の鳴き声に耳をかたむけている時、
妻や子供の顔をみつめている時。

J.クリシュナムルテイ『既知からの自由』(Freedom From The Known)

### 生きることと瞑想

　人間に考える力が与えられたのは何故なのだろうか。
　ひとつの答。「よりよく生きるため。」
　無難な解答である。しかし、ひとはどれほど「よく生きる」ことについて知っているのだろうか。
　元気で、お金に不自由なく、家族・友人に恵まれ、好きなことを仕事にし、長寿を全うして、ある日、我が家でポックリとこの世を去る。これが「一番いい生き方」といえるのだろうか。
　世人の願望を機械的に寄せ集めると、このような安楽な人生が理想的なものとまとめられそうにおもう。

　あなたはどうだろうか。**「安楽に生きる」**人生が最高の人生とおもえるだろうか。「楽」であれば、「いい」（質的に高度）のか。
　勉強をするのも、働くのも、少しでも体にいいものを食べるのも、ひとに親切にしようとするのも、安楽な人生のためにやっていることなのだろうか。
　現実には、あなたは、分かっていながら、苦労の種を自ら増やすような行為をうっかり、あるいは我慢できずにやってしまう。
　酒を飲んでいる時は気持ちがいいのだが、後で、金の苦労や病気の苦痛を引き取らなければならなくなる。あくどいやり方で仕事を取ってきたのはいいが、お陰で友人を失い、こころの平穏も失ってしまう。名前も知らないひととのセックスで快感は得たがエイズという土産ももらってしまう。
　現実には、気持ちいいことだけをして生きていけない。利益だけ得て、全く損のない生き方などなかなかありえない。
　そこで、また考える。考える力の存在理由を。

　あなたは、いい結果を出そうと考える。しかし、すでに触れたように目先にぶらさがっている「いい結果」が、長い目でみても「いい結果」をもたらすかどうか判断は難しい。
　考える力が生きるという現場において役に立っているのは、実のところ、限られた時間において、限られた状況において、限られた観点において、な

のである。つまり、「大局的観点に立つ」となると、まったく役に立たないのである。
　「生きる」という複雑で境界線の見えにくい実体に対していえば、限定的にしか役に立たない思考は無力といわざるをえない。
　部分的に多く成功をおさめても、その総和が人生における成功と等価だとはいえないだろう。輝かしい受賞歴に恵まれた大女優の人生が「成功だった」とは必ずしもいえない。「役者として大成功の人生だった」と、職業人的成功に限定してなら、いえる。
　アインシュタインの相対性理論の発見が、その後の物理学、さらに一般市民への多大な影響（原爆を生み出す基盤をつくった）をもたらした事実を知るぼくにしても、彼自身が"わが人生"を総括して、どれほどの満足をえていたものか、知る術はない。
　多くのひとは、自分の置かれた生活環境や職業領域において、最高の名誉を得ることを、当面の目標にしながら、知らぬ間に、それが生きる目的にすり替わってしまっているのではないだろうか。
　今日明日の生活の水準でしか、自分の人生の質を検討する機会をもたない、もてないということだろう。
　また、地球全体でみれば、さらに多くのひとが、日々、生き延びるために食べ、安全に寝る暮らしの確保だけで精一杯だとおもう。

　あなたは、ここで、ぼくの問題提起そのものに対して大いなる疑問を感じておられるのではないか。
　「生きる」ことを総合評価するなんて可能なのだろうか。
　最善の生き方など存在するのだろうか。
　誰の目から見ての成功なのだろうか。
　　自分？
　　他人（世間）？
　　最愛の人？
　　尊敬できる人？
　　神（仏）？

考えても駄目だと頭脳への期待から決別できたひとは、絶望のひとであり、同時に、自己発見に踏み出したひとだとおもう。
　生の絶対肯定の上に、世俗的な価値観への懐疑が重なると鴨長明のような達観が生じてくる。

　「それ、三界は、ただ心一つなり。心、もし安らかずば、象馬・七珍もよしなく、宮殿、楼閣も望みなし。今、さびしきすまひ、一間の庵、みづからこれを愛す。おのづから都に出でて、身のこつがいとなれるを恥づといへども、帰りてここに居るときは、他の俗塵に馳す事をあはれむ。」（『方丈記』）

　長明にしてみれば、隠者の我が身に若干引け目を感じる部分もあるのだが、いざ都に出かけ帰ってくると、我が家の静寂にほっとし、都会の雑踏に住む人々を哀れに思うほどだという。
　いまもむかしも都会（都）に生きる人間は活気と喧噪と共にあることでは変わりがない。
　今日、大都会にはひとと建物が集まるだけでなく情報が集まる。情報は思考活動の資源である。膨大な情報との接触がビジネスや政治や芸術などの活動に求められている。成功を夢見る者は都会に集まってくる。
　情報ネットワークの普及によって、かならずしも都市に住んでいなくても情報は得られるのだが、多種多様な人間と直接接触できる利点は依然として都市の魅力である。
　都市にひとが集結し「考える」力を大きくして事業の成功を狙う。
　情報化社会は、「思考」への信頼を、組織的に、大規模に、高めるシステムとして機能している。
　しかし、生きる質を真剣に問うなら、事業や創作の結果では評価できない「私」として現れている意識の質を問題にしなければならなくなる。
　売り上げを伸ばす方策については思考でかなりのことができるが、「私」の幸福という問題では思考はあまり役に立たない。コンピュータは知識を提供してくれるが、幸福にはしてくれない。
　事柄の理解ではなく、自己における生の総決算として、「私」に幸福が真に実現し、実感していなければ意味がないのである。

瞑想が呼び覚ます理性においては、あれかこれかの選択はない。損得，功罪への葛藤が小さくなるだろう。概念の区別にあまり煩わされないからだ。区別できないのではない。区別するにしても、多彩で秩序ある全体像の細部としてあるのであって、美的変化を醸成している要素にすぎないのである。
　瞑想の生活では、実用的情報や知識を適度に利用する必要は残るものの、それらへの依存は日に日に小さくなっていくだろう。
　この生活を実践する上で、知識が足りない、金銭が足りないために、少しばかり苦労したり、ひもじいおもいをしたり、恥ずかしいおもいをしても、本質的な自己には影響は及ばないという理解があれば、不幸にはならない。他人の評価はどうあれ、当人においては不幸になりようがないのである。

　あなたの命。その命は、どこから来てどこに行こうとしているのか。
　あなたの今の絶望は永遠に続くのだろうか。
　あなたの今の歓喜は明日もあるだろうか。
　あなたが今誇りにおもう業績はいつまで輝いてみえるだろうか。
　あなたが今急いで片づけようとしている仕事を放棄してしまったら何がおこるだろうか。
　そもそも、あなたの命を何をしようとしているのか。

　人生は誕生日と臨終の日の間の肉体変化にすぎない、と脳はいうだろう。その脳が感知できない、全く異質のエネルギーの変化が、あなたに関わって生じている。それは、人生という区切りからはずれた旅を旅する人のさまよう姿ではないか。
　瞑想は、あなたを過去にも未来にも動かさず、今という瞬間に掘られた深い深い井戸に突き落とすだろう。
　不思議と、この井戸は深くなるほど明るい光に満たされているという点で地上の井戸とは違っている。その底で、あなたはきっと、もうひとりのあなたに出会うだろう。

## あとがき

　本書は、1986年に出版された『考える方法』(Be Creative Centre) のタイトルを引き継ぎ、一部には表現をそのまま挿入しているので、改訂版というべきなのでしょうが、基本的には全く別の本になっているとおもいます。

　前書はデザイナーを志すひとに向けた創造思考の実用書であったのですが、本書は、創造に関わるひとにかぎらず、より広く「考える」行為に関心を寄せるひとたちを対象に書きました。

　ぼくとしては、特に、2つの目的を強く意識して本書を執筆しました。ひとつは、「考える」技術を知って、少しでも楽に問題を解決するという実用面。もうひとつは、全く反対に、「考える」行為に過度の信頼をもたないようにという警告です。思考の限界をしっかり認識しておかないと、とんでもないことを考えて、ひとに迷惑な結果をもたらしかねません。特に、技術革新と呼ばれる領域では、思考への過信から、種々の（潜在的）危険性が拡大・増大しつつあるとおもいます。

　本書が、どのような意味においてであれ、「考える」ことに関心をもつ方々に少しでも貢献できれば幸いです。

　最後になりましたが、この本は、中川和大くんと伊藤あゆみさんの支援なしには完成しなかったとおもいます。中川くんにはイラストや図表の制作で大いに助けてもらいました。また、伊藤さんには読者の立場から原稿を点検してもらい、執筆内容についても議論の良き相手をしてもらいました。お二人に深く感謝致します。

　　　　　　　　　　　　　　　　　　　　　　　　森　本　武

# 森 本 武

NPO K's Point 代表、嵯峨美術大学・嵯峨美術短期大学前学長。

幼年期の死線をさまよう3年間の闘病生活から、人間存在の不思議に目覚めた後、生命についての概念的説明にはあきたらず、その実相を模索しながら、瞑想、哲学、宗教、生命科学などを独学しつづけている。

Krishnamurti Centre（英国）への研究滞在をきっかけに、J. クリシュナムルティの思想と本気で向き合う決意をかため、1998年にNPO K's Point を創設した。

講演、対話、著作などを通して、思考に偏重した人類文化の危険性と不安の根源的原因を探求している。

著書:『ほん。』、『苦労の節約』、『負のデザイン』『思考は生（いのち）を知らない』など。

NPO K's Point
ホームページ：www.kspoint.com
Email: kspoint1998@yahoo.co.jp

森本　武
Email: takeanar@yahoo.co.jp

2003年10月20日初版「考える方法」の新装版です。

## 考える方法

発行日
初　版　2019年 9月10日

著　者
森本　武

発行者
あんがいおまる

発行所
JDC出版

〒552-0001　大阪市港区波除6-5-18
TEL.06-6581-2811（代）／FAX.06-6581-2670
E-mail　book@sekitansouko.com
郵便振替　00940-8-28280

印刷製本
前田印刷株式会社

©Morimoto Takeshi 2003/Printed in Japan

## JDC 森本武の本

### 負のデザイン
小規模な暮らしを実現するためのデザインの在り方を考え、人間の営みの中に見られる様々な無駄の検証を試みる。
B5判変型／100頁／999円

### 苦労の節約
おそらく、真理を見通してしまった人にとっては、正しいことが、そのまま楽になるでしょう。悟れなくても、楽に生きるわたしたちでありたいものです。
A6判上製／166頁／1,300円

### ほん。 こーんなあたりまえのこと、君、知っているかな？
森本 武・北村容子 著
こどものためのこの一冊を大人のあなたにおくります。
B5判変型／144頁／1,165円